T0059068

All My Trials

African-American Spiritual

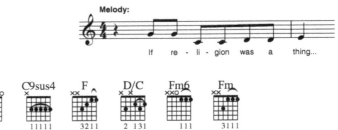

Verse 1

    C   **C9sus4**
If religion was a thing that money could buy,

    C   **F**
The rich would live and the poor would die.

Chorus 1

    C   **D/C**   **Fm6**   **C**
All my trials, Lord, will soon be over.

                                   F   **Fm**
Too late my brothers, too late, but never mind.____

    C   **D/C**   **Fm6**   **C**
All my trials, Lord, will soon be over.

	C C9sus4
Verse 2	Go to sleep, my little baby, and don't you cry
	C F
	Your dad was born just to live and die.

Chorus 2   Repeat Chorus 1

	C C9sus4
Verse 3	Oh, I have a little book that sets me free,
	C F
	My Bible, it spells "Liber-ty."

Chorus 3   Repeat Chorus 1

	C C9sus4
Verse 4	Yes, a man was born to suffer ago-ny,
	C F
	His will to live spells "Victo-ry."

Chorus 4   Repeat Chorus 1

All Through the Night

Welsh Folksong

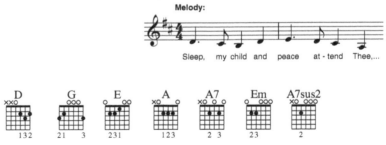

Melody:

Sleep, my child and peace at-tend Thee,...

D   G   E   A   A7   Em   A7sus2

Verse 1

    D   G   E   A
Sleep, my child and peace at-tend Thee,

G A7   D
All through the night;

           G   E   A
Guardian angels God will send Thee,

G A7   D
All through the night.

Em
Soft the drowsy hours are creeping,

          A7sus2   A7
Hill and vale in slumber sleep-ing,

D   G   E   A
God His loving vigil keeping,

G A7   D
All through the night.

GUITAR CHORD SONGBOOK

Verse 2

```
        D       G       E       A
While the moon her watch is keeping,

G  A7          D
All through the night;

          G     E       A
While the weary world is sleeping,

G  A7          D
All through the night,

Em
Through your dreams you're swiftly stealing,

           A7sus2      A7
Visions of de-light reveal-ing,

D       G       E     A
Christmas time is so ap-pealing,

G  A7          D
All through the night.
```


Verse 3

```
        D       G   E       A
You, my God, a Babe of wonder,

G  A7          D
All through the night;

              G           E           A
Dreams you dream can't break from thunder,

G  A7          D
All through the night.

Em
Children's dreams cannot be broken;

       A7sus2   A7
Life is but a lovely to-ken.

D       G       E     A
Christmas should be softly spoken

G  A7          D
All through the night.
```

Annie Laurie

Words by William Douglas
Music by Lady John Scott

Melody:

Max - wel - ton's braes are bon - nie,...

A   D   B7   E7   E   F#m   Bm   C#   C#7

123 132 2134 2 1   231 134111 13421 1333 3241

4fr

Verse 1

       A   **D**
Max-welton's braes are bonnie,

      A **B7** **E7**
Where early fa's the dew

        A   **D**
And it's there that Annie Laurie

      A   **E7**   **A**
Gave me her promise true,

         E7   **A**
Gave me her promise true,

      F#m   **Bm**   **C#**
Which ne'er for-got will be.

E7   **F#m**   **D**   **A**   **C#7 F#m**
And for bonnie Annie Laurie_____

E7 F#m Bm E7   **A**
I'd_ lay me doon__ and die.

Verse 2

     A   D
Her brow is like the snaw drift

    A   B7   E7
Her neck is like the swan.

     A   D
Her face it is the fairest

     A   E7   A
That e'er the sun shone on,

         E   A
That e'er the sun shone on,

   F#m   Bm   C#
An' dark blue is her e'e.

E7   F#m   D   A   C#7 F#m
And for bonnie Annie Laurie_____

E7 F#m   Bm E7   A
I'd lay me doon__ and die.

Verse 3

     A   D
Like dew on the gowan lying

    A   B7   E7
Is the fa' o' her fairy feet.

        A   D
And like winds in summer sighing,

    A   E7   A
Her voice is low an' sweet,

       E   A
Her voice is low an' sweet

   F#m   Bm   C#
An' she's a' the world to me.

E7   F#m   D   A   C#7 F#m
And for bonnie Annie Laurie_____

E7 F#m   Bm E7   A
I'd lay me doon__ and die.

Au Clair de la Lune

French Folksong

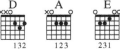

Verse 1

D   A   D A D   A   D
Au Clair de la Lu - ne, mon a-mi Pier-rot,

       A   D A D   A   D
"Prete-moi ta Plu-me Pour é-crire un mot.

A   E   A   E   A
Ma chan-dell' es mor-te je n'ai plus de feu;

D   A   D A D   A   D
Ouvre moi ta por-te pour l'a-mour de Dieu."

Verse 2

D   A   D A D   A   D
Au Clair de la Lu-ne Pierrot repon-dit,

       A   D A D   A   D
"Je n'ai pas de plu-me, je suis dans mon lit.

A   E   A E   A
Va chez la voi-si-ne, je crois qu'elle y est,

D   A   D A D   A   D
Car dans sa cui-sine__ on bat le bri-quet."

Verse 3

D   A   D A D   A   D
Au Clair de la Lu-ne s'en fut Arle-quin,

       A   D A D   A   D
Frapper chez la bru-ne, ell' re-pond sou-dain:

A   E   A   E   A
"Qui frapp' de la sor-te?" Il dit a son tour:

D   A   D A D   A   D
"Ouvre votre por-te, pour le dieu d'a-mour!"

Verse 4

```
D     A   D A D   A        D
Au Clair de la Lu-ne, on n'y voit qu'un peu.
      A      D A D      A      D
On cher-cha la plu-me, on cher-cha du feu.
A      E      A   E                 A
En cher-chant d'la sor-te, je n'sais c'qu'on trouva:
D    A        D A D      A     D
Mais je sais qu'la por-te sur eux se fer-ma.
```

English Lyrics

Verse 1   At the door I'm knocking, by the pale moonlight,
"Lend me a pen, I pray thee, I've a word to write;
Guttered is my candle, my fire burns no more;
For the love of heaven, open up the door!"

Verse 2   Pierrot cried in answer by the pale moonlight,
"In my bed I'm lying, late and chill the night;
Yonder at my neighbor's someone is astir;
Fire is freshly kindled, get a light from her."

Verse 3   To the neighbor's house then, by the pale moonlight,
Goes our gentle Lubin to beg a pen to write;
"Who knocks there so softly?" calls a voice above.
"Open wide your door now for the God of Love!"

Verse 4   Seek thy pen and candle by the pale moonlight,
They can see so little since dark is now the night;
What they find while seeking, that is not revealed;
All behind her door is carefully concealed.

Auld Lang Syne

Words by Robert Burns
Traditional Scottish Melody

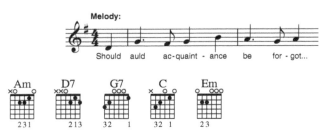

Should auld ac-quaint - ance be for - got...

Verse

      G   **Am** **D7**
Should auld acquaintance be for-got

G **G7**   **C**
And never brought to mind?

    G   **Em**   **Am** **D7**
Should auld ac-quaintance be for-got

Em   **Am**   **G**
And days of Auld Lang Syne?

   G **Em** **Am**   **D7**
For Auld Lang Syne, my dear,

   G **G7** **C**
For Auld Lang Syne,

    G **Em** **Am**   **D7**
We'll tak' a cup o' kindness yet,

    Em **Am** **G**
For Auld Lang Syne.

Blow the Man Down

Traditional Sea Chantey

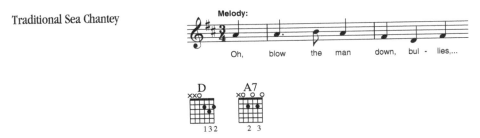

Verse 1

       D
Oh, blow the man down, bullies, blow the man down.

           A7
To me way, hey, blow the man down.

Oh, blow the man down, bullies, blow him away,

             D
Give me some time to blow the man down.

Verse 2

       D
As I was a walking down Paradise street.

           A7
To me way, hey, blow the man down.

A pretty young maiden I chanced for to meet.

             D
Give me some time to blow the man down.

Verse 3

      D
So I tailed her my flipper and took her in tow.

            A7
To me way, hey, blow the man down.

And yardarm to yardarm away we did go.

               D
Give me some time to blow the man down.

Verse 4

               D
And as we were going, she said unto me,

            A7
To me way, hey, blow the man down.

"There's a spanking full rigger just ready for sea."

               D
Give me some time to blow the man down.

Verse 5

               D
The spanking full rigger for New York was bound.

            A7
To me way, hey, blow the man down.

She was very well manned, she was very well found.

               D
Give me some time to blow the man down.

Verse 6

         D
But as soon as that packet was clear of the bar,

           A7
To me way, hey, blow the man down.

The mate knocked me down with the end of a spar.

          D
Give me some time to blow the man down.

Verse 7

         D
And as soon as that packet was out on the sea,

           A7
To me way, hey, blow the man down.

'Twas dev'lish hard treatment of every degree.

          D
Give me some time to blow the man down.

Verse 8

         D
So I give you fair warning before we belay.

           A7
To me way, hey, blow the man down.

Don't never take heed of what pretty girls say.

          D
Give me some time to blow the man down.

Aura Lee

Words by W.W. Fosdick
Music by George R. Poulton

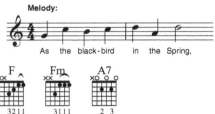

Melody:

As the black-bird in the Spring,

C   D7   G7   F   Fm   A7

Verse 1

    C   D7
As the blackbird in the Spring

    G7   C
'Neath the willow tree,

                D7
Sat and piped, I heard him sing

    G7   C
In praise of Aura Lee.

Chorus 1

    C
Aura Lee, Aura Lee,

    F   Fm   C
Maid with golden hair,

          A7   D7
Sunshine came a-long with thee,

      G7   C
And swallows in the air.

Verse 2

    C   D7
Take my heart and take my ring,

    G7   C
I give my all to thee.

              D7
Take me for e-ternity,

    G7   C
Dearest Aura Lee!

Chorus 2   Repeat Chorus 1

Verse 3

    C   D7
In her blush the rose was born,

       G7   C
'Twas music when she spake.

               D7
In her eyes, the light of morn,

G7   C
Sparkling, seemed to break.

Chorus 3   Repeat Chorus 1

Verse 4

    C   D7
Aura Lee, the bird may flee

       G7   C
The willow's golden hair,

               D7
Then the wintry winds may be

G7   C
Blowing ev'ry-where.

Chorus 4

    C   D7
Yet if thy blue eyes I see,

G7   C
Gloom will soon de-part.

               D7
For to me, sweet Aura Lee

      G7   C
Is sunshine to the heart.

Banks of the Ohio

19th Century Western American

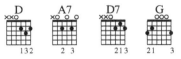

Verse 1

     D   **A7**
I asked my love to take a walk,

       D
To take a walk, just a little walk.

  D7   **G**
Down be-side, where the waters flow,

    D **A7**   **D**
Down by the banks___ of the Ohi-o.

Verse 2

     D   **A7**
And only say that you'll be mine,

      D
In no other arms, en-twine.

  D7   **G**
Down be-side, where the waters flow,

    D **A7**   **D**
Down by the banks___ of the Ohi-o.

Verse 3

D	**A7**

I held a knife against her breast,

                   D

As into my arms, she pressed.

            D7   **G**

She cried, "Oh Willie, don't murder me;

         D **A7**   **D**

I'm not pre-pared__ for eterni-ty."

Verse 4

        D   **A7**

I started home 'tween twelve and one.

                     D

I cried, "My God, what have I done?"

      D7   **G**

Killed the only woman I loved.

           D **A7**   **D**

Because she would__ not be my bride.

Barbara Allen

Traditional English

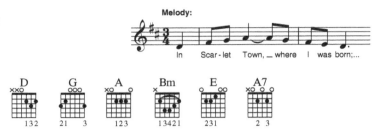

Melody:

In Scar-let Town, — where I was born;...

Chord diagrams: D, G, A, Bm, E, A7

Verse 1

     D   **G**   **A**   **Bm** **A**
In Scarlet Town,__ where I was born;__

      D   **Bm** **E**   **A**
There was a fair maid dwellin',

A7   **G**   **A7** **D**   **A**
Made ev'ry youth cry: Welladay!__

     D   **G** **A**   **D**
Her name was Bar-b'ra Allen.

Verse 2

      D   **G** **A**   **Bm** **A**
'Twas in the mer - ry month of May,__

      D   **Bm** **E**   **A**
When green buds they were swellin'.

A7   **G**   **A7** **D**   **A**
Sweet William on his deathbed lay__

     D   **G** **A** **D**
For love of Bar-b'ra Allen.

GUITAR CHORD SONGBOOK

Verse 3

D   G   A   Bm A
He sent a ser - vant to the town,___

D   Bm E A
The place where she was dwellin'.

A7 G   A7 D   A
"My master's sick and bids you come___

D   G   A   D
If you be Bar-b'ra Allen."

Verse 4

D   G   A   Bm A
And as she crossed___ the wooded fields,___

D   Bm   E   A
She heard his death-bell knellin',

A7 G   A7 D   A
And ev'ry stroke, it_ spoke her name,___

D   G   A   D
"Hard-hearted Bar-b'ra Allen."

Verse 5

D   G   A   Bm A
"O Mother, Moth - er, make my bed,___

D   Bm   E   A
And make it long and narrow.

A7   G   A7 D   A
Sweet William died for love of me;___

D   G A D
I'll die for him of sorrow."

Verse 6

D   G   A   Bm A
"Fare-well," she said,___ "ye maidens all,___

D   Bm   E A
And shun the fault I fell in:

A7   G   A7 D   A
Hence-forth take warn-ing by the fall___

D   G   A   D
Of cruel Bar-b'ra Allen."

Beautiful Brown Eyes

Traditional

Wil - lie, oh, Wil - lie, I love you,...

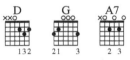

Verse 1

   D   G
Willie, oh, Willie, I love you,

D   A7
Love you with all my heart.

   D   G
To-morrow we might have been married,

    A7   D
But drinkin' has kept us a-part.

Chorus 1

   D   G
Beautiful, beautiful brown eyes,

D   A7
Beautiful, beautiful brown eyes,

D   G
Beautiful, beautiful brown eyes,

   A7   D
I'll never love blue eyes a-gain.

Verse 2

D   G
Seven long years I've been married;

D   A7
I wish I was single a-gain.

D   G
A woman knows not of her troubles

A7   D
Un-til she has married a man.

Chorus 2   Repeat Chorus 1

Verse 3

D   G
Down to the barroom he staggered,

D   A7
Staggered and fell on the floor.

D   G
The last words that he ever uttered,

A7   D
"I'll never get drunk any-more."

Chorus 3   Repeat Chorus 1

Beautiful Dreamer

Words and Music by Stephen C. Foster

Melody:

Beau - ti - ful dream - er,   wake un - to   me;...

D	Em	A7	E7	A	F#7	Bm	G

Verse 1

    D   **Em**
Beautiful dreamer, wake unto me;

A7   **D**
Starlight and dewdrops are waiting for thee.

                    Em
Sounds of the rude world, heard in the day,

A7   **D**
Lulled by the moonlight have all passed a-way.

A7   **D**
Beautiful dreamer, queen of my song

E7   **A7**
List while I woo thee with soft melody.

D   **Em**
Gone are the cares of life's busy throng.

A7   **D** **F#7 Bm**
Beautiful dreamer, awake unto me!_____

G   **D**   **A**   **D**
Beautiful dreamer, a-wake unto me!

Verse 2
    D   **Em**
Beautiful dreamer, out in the sea

A7   **D**
Mermaids are chaunting the wild lore-lei.

                 Em
Over the streamlet vapors are borne,

A7   **D**
Waiting to fade at the bright coming morn.

A7   **D**
Beautiful dreamer, beam of my heart,

E7   **A7**
E'en as the morn on the streamlet and sea;

D   **Em**
Then all the clouds of sorrow depart.

A7   **D** **F#7** **Bm**
Beautiful dreamer, awake unto me!_____

G   **D**   **A**   **D**
Beautiful dreamer, a-wake unto me!

Black Is the Color of My True Love's Hair

Southern Appalachian Folksong

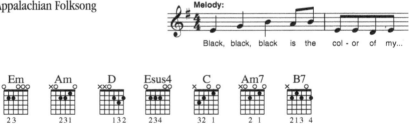

Melody:

Black, black, black   is   the   col - or   of   my...

Em   Am   D   Esus4   C   Am7   B7

Verse 1

      Em   Am Em   D   Esus4 Em
Black, black, black is the color of my true love's hair._____

                Am
Her lips are like a rose so fair.

          C   Am   Em   C
And the prettiest face and the neatest hands.

    Em   Am
I love the grass where-on she stands,

    Em   Am7 B7   Em
She with the won-drous hair.

GUITAR CHORD SONGBOOK

Verse 2

|Em| |Am| |Em| |D| |Esus4| |Em|

Black, black, black is the color of my true love's hair._____

                  Am

Her face is something truly rare.

    C   **Am**   **Em**   **C**

Oh, I do love my love and so well she knows,

 Em   **Am**

I love the ground where-on she goes,

 Em   **Am7 B7**   **Em**

She with the won-drous hair.

Verse 3

 Em   **Am** **Em**   **D**   **Esus4 Em**

Black, black, black is the color of my true love's hair._____

                Am

Alone, my life would be so bare.

    C   **Am**   **Em**   **C**

I would sigh, I would weep, I would never fall a-sleep.

 Em   **Am**

My love is way be-yond compare,

 Em   **Am7 B7**   **Em**

She with the won-drous hair.

The Blue Bells of Scotland

Words and Music attributed to Mrs. Jordon

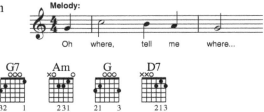

         C
Verse 1   Oh where, tell me where

       F   **C**   **G7** **C**
       Is your Highland laddie gone?

       Oh where, tell me where

       F   **C**   **G7** **C**
       Is your Highland laddie gone?

                  Am
       He's gone wi' streaming banners

         G   **D7**   **G**
       Where noble deeds are done,

         C
       And it's oh, in my heart

       F C   **G7**   **C**
       I_ wish him safe at home.

          C
Verse 2   Oh where, tell me where

       F   **C**   **G7** **C**
       Did your Highland laddie dwell?

       Oh where, tell me where

       F   **C**   **G7** **C**
       Did your Highland laddie dwell?

                Am
       He dwelt in bonnie Scotland,

```
        G           D7        G
Where blooms the sweet blue-bell.

            C
And it's oh, in my heart

F C     G7    C
I_ lo'e my laddie well.
```

```
                C
Oh what, tell me what
```
Verse 3

```
      F         C        G7     C
Does your Highland laddie wear?
```

```
Oh what, tell me what

      F         C        G7     C
Does your Highland laddie wear?
```

```
               Am
A bonnet with a lofly plume,

      G    D7     G
And on his breast a plaid.
```

```
            C
And it's oh, in my heart

F C     G7       C
I_ lo'e my Highland lad.
```

```
                C
Oh what, tell me what
```
Verse 4

```
      F     C       G7    C
If your Highland lad be slain?
```

```
Oh what, tell me what

      F     C       G7    C
If your Highland lad be slain?
```

```
                  Am
Oh no, true love will be his guard

      G       D7    G
And bring him safe a-gain.
```

```
            C
For it's oh, my heart would break

F     C     G7      C
If my Highland lad were slain.
```

Bury Me Beneath the Willow

Traditional

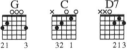

Verse 1

G   C
My heart is sad and I am lonely,

G   D7
Thinking of the one I love.

 G   C
I know I never more shall see him,

G D7   G
Till we meet in heav'n a-bove.

Chorus 1

 G   C
So bury me be-neath the willow;

G   D7
'Neath the weeping willow tree.

 G   C
And when he knows where I am sleeping,

G   D7   G
Then per-haps he'll weep for me.

GUITAR CHORD SONGBOOK

Verse 2
      G   C
They told me that he loved another;

G   D7
How could I believe them true?

      G   C
Un-til an angel softly whispered

      G   D7   G
He has prov-en his love un-true.

Chorus 2   Repeat Chorus 1

Verse 3
      G   C
To-morrow was to be our wedding,

G   D7
Lord, oh Lord, where can he be?

      G   C
He's gone away to wed another,

G   D7   G
And he no more cares for me.

Chorus 3   Repeat Chorus 1

Bury Me Not on the Lone Prairie

Words based on the poem "The Ocean Burial"
by Rev. Edwin H. Chapin
Music by Ossian N. Dodge

Verse 1

               G
"Oh, bury me not on the lone prairie,"

             D7   **G**
These words came low and mournful-ly.

From the pallid lips of a youth who lay

         D7   **G**
On his dying bed at the close of day.

Verse 2

               G
"Oh, bury me not on the lone prairie,

             D7   **G**
Where the wild coy-otes will howl o'er me.

In a narrow grave just six by three,

         D7   **G**
Oh, bury me not on the lone prai-rie."

Verse 3

               G
"It matters not, I've oft been told,

             D7   **G**
Where the body lies when the heart grows cold.

Yet, grant, oh grant this wish to me:

         D7   **G**
Oh, bury me not on the lone prai-rie."

GUITAR CHORD SONGBOOK

Verse 4
             G
"I've always wished to be laid when I died
           D7   **G**
In the little church-yard on the green hill-side.

By my father's grave there let mine be,
          D7   **G**
And bury me not on the lone prai-rie."

Verse 5
            G
"Oh, bury me not," and his voice failed there,
          D7   **G**
But we took no heed of his dying prayer.

In a narrow grave just six by three,
          D7   **G**
We buried him there on the lone prai-rie.

Verse 6
            G
And the cowboys now as they roam the plain,
          D7   **G**
For they marked the spot where his bones were lain.

Fling a handful of roses o'er his grave,
          D7   **G**
With a prayer to Him who his soul will save.

Camptown Races

Words and Music by Stephen C. Foster

Melody:

Camp-town la - dies sing this song,....

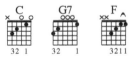

Verse 1

    C   **G7**
Camptown ladies, sing this song, doodah, doodah.

    C   **G7**   **C**
Camptown racetrack five miles long, oh, doodah-day.

                                    G7
Come down there with my hat caved in, doodah, doodah;

    C   **G7**   **C**
Go back home with my pocket full of tin, oh, doodah-day.

Chorus 1

    C
Goin' to run all night,

    F   **C**
Goin' to run all day.

I bet my money on the bobtail nag;

    G7   **C**
Somebody bet on the bay.

Verse 2
       C   G7
The long-tail filly and the big black hoss, doodah, doodah,

  C   G7   C
Fly the track and they both cut across, oh, doodah-day.

                                      G7
The blind hoss shaken in a big mud hole, doodah, doodah;

  C   G7   C
Can't touch bottom with a ten-foot pole, oh, doodah-day.

Chorus 2   Repeat Chorus 1

Verse 3
       C   G7
Old muley cow came onto the track, doodah, doodah,

  C   G7   C
Bobtail fling her over his back, oh, doodah-day.

                                  G7
Then fly along like a railroad car, doodah, doodah;

  C   G7   C
Running a race with a shooting star, oh, doodah-day.

Chorus 3   Repeat Chorus 1

Verse 4
       C   G7
See them flying on a ten-mile heat, doodah, doodah,

  C   G7   C
'Round the racetrack, then repeat, oh, doodah-day.

                                  G7
I win my money on bobtail nag, doodah, doodah;

  C   G7   C
Keep my money in an old tow bag, oh, doodah-day.

Chorus 4   Repeat Chorus 1

The Crawdad Song

Traditional

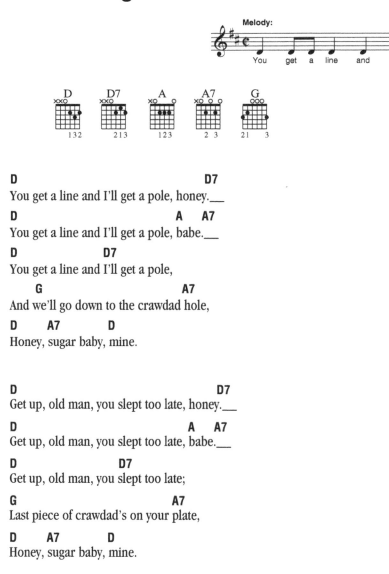

Verse 1

D   D7
You get a line and I'll get a pole, honey.__

D   A   A7
You get a line and I'll get a pole, babe.__

D   D7
You get a line and I'll get a pole,

    G   A7
And we'll go down to the crawdad hole,

D   A7   D
Honey, sugar baby, mine.

Verse 2

D   D7
Get up, old man, you slept too late, honey.__

D   A   A7
Get up, old man, you slept too late, babe.__

D   D7
Get up, old man, you slept too late;

G   A7
Last piece of crawdad's on your plate,

D   A7   D
Honey, sugar baby, mine.

Verse 3

```
D                                        D7
Get up, old woman, you slept too late, honey.__

D                                A    A7
Get up, old woman, you slept too late, babe.__

D                      D7
Get up, old woman, you slept too late;

G                          A7
Crawdad man done passed your gate,

D    A7        D
Honey, sugar baby, mine.
```

Verse 4

```
D                                             D7
A-long come a man with a sack on his back, honey.__

D                                A    A7
A-long come a man with a sack on his back, babe.__

D                    D7
A-long come a man with a sack on his back,

G                        A7
Packin' all the crawdads he can pack,

D    A7        D
Honey, sugar baby, mine.
```

Verse 5

```
D                                        D7
What you gonna do when the lake goes dry, honey?__

D                                A    A7
What you gonna do when the lake goes dry, babe?__

D                      D7
What you gonna do when the lake goes dry?

G                          A
Sit on the bank and watch the crawdads die,

D    A7        D
Honey, sugar baby, mine.
```

Danny Boy

Words by Frederick Edward Weatherly
Traditional Irish Folk Melody

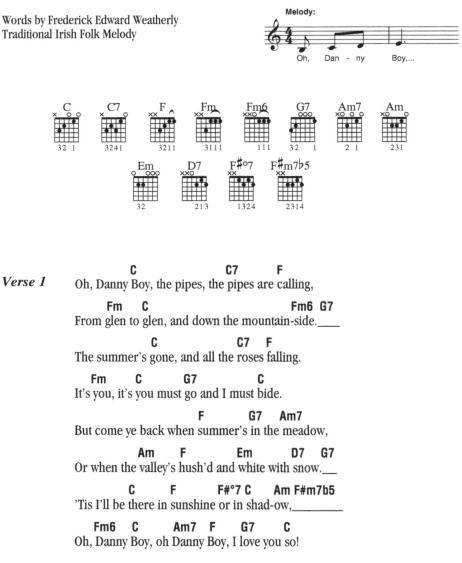

Verse 1

        C   **C7**   **F**
Oh, Danny Boy, the pipes, the pipes are calling,

Fm **C**   **Fm6 G7**
From glen to glen, and down the mountain-side.___

        C   **C7** **F**
The summer's gone, and all the roses falling.

Fm **C**   **G7**   **C**
It's you, it's you must go and I must bide.

           F   **G7** **Am7**
But come ye back when summer's in the meadow,

    Am **F**   **Em**   **D7** **G7**
Or when the valley's hush'd and white with snow.__

    C   **F**   **F#°7 C**   **Am F#m7b5**
'Tis I'll be there in sunshine or in shad-ow,_____

Fm6 **C**   **Am7 F** **G7**   **C**
Oh, Danny Boy, oh Danny Boy, I love you so!

GUITAR CHORD SONGBOOK

Verse 2

           C   C7   F
But if he come, when all the flow'rs are dying,

   Fm C   Fm6
And I am dead, as dead I well may be,

                C   C7   F
Ye'll come and find the place where I am lying,

   Fm   C   G7   C
And kneel and say an Ave there for me;

                  F   G7   Am7
And I shall hear, tho' soft your tread a-bove me,

         Am   F   Em   D7 G7
And all my dreams will warm and sweeter be.____

           C   F   F#°7   C   Am F#m7b5
If you will not fail to tell me that you love me,_____

   Fm6 C   Am7   F   G7   C
Then I shall sleep in peace un-til you come to me!

Deep River

African-American Spiritual

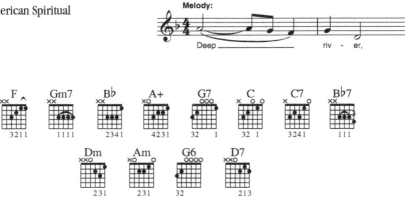

Verse

```
     F   Gm7 Bb   A+    G7 C    C7
Deep river,__ my home is over Jordan,__

     F   Gm7 Bb7   F          G7 C7 F
Deep river, Lord, I want to cross over into campground.

     F   Gm7 Bb   A+    G7 C    C7
Deep river,__ my home is over Jordan,__

     F   Gm7 Bb7   F          G7 C7 F
Deep river, Lord, I want to cross over into campground.

Dm              Bm          Em  A6 Bm  D7
Oh, don't you want to go over to that gos - pel feast,__

      F      Gm7 Bb7    F  C7   A7   C7
That promised land___ where all___ is peace?__

      F   Gm7 D7  G7          C7      F
Oh, deep river, Lord, I want to cross over into campground.
```

(I Wish I Was In) Dixie

Words and Music by Daniel Decatur Emmett

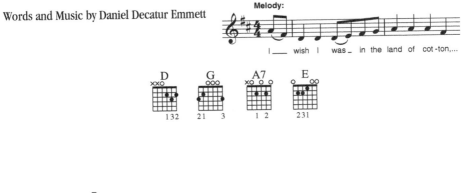

Verse 1

    D
I wish I was in the land of cotton,

G
Old times there are not forgotten,

    D   **A7**   **D**
Look a-way, look away, look a-way, Dixie Land!

In Dixie Land where I was born

    G
In early on one frosty mornin'.

    D   **A7**   **D**
Look a-way, look away, look a-way, Dixie Land!

Chorus 1

    D   **G**   **E**   **A7**
I wish I was in Dixie. Hoo-ray! Hoo-ray!

    D   **G**
In Dixie Land I'll take my stand

    D   **A7**
To live and die in Dixie.

    D **A7** **D**
A-way, a-way, a-way down south in Dixie.

     A7 **D**
Away, a-way, a-way down south in Dixie.

                              D
Verse 2   Old Misus marry Will the Weaver,

               G
               William was a gay deceiver.
                              D   **A7**   **D**
               Look a-way, look away, look a-way, Dixie Land!

               But when he put his arm around her,
                     G
               He smiled as fierce as a forty-pounder.
                              D   **A7**   **D**
               Look a-way, look away, look a-way, Dixie Land!

Chorus 2   Repeat Chorus 1

                              D
Verse 3   His face was sharp as a butcher's cleaver,
               G
               But that did not seem to grieve her.
                              D   **A7**   **D**
               Look a-way, look away, look a-way, Dixie Land!

               Old Misus acted the foolish part
                     G
               And died for a man that broke her heart.
                              D   **A7**   **D**
               Look a-way, look away, look a-way, Dixie Land!

Chorus 3   Repeat Chorus 1

Verse 4

D
Now here's a health to the next old Misus

G
And all the girls that want to kiss us.

D   **A7**   **D**
Look a-way, look away, look a-way, Dixie Land!

But if you want to drive away the sorrow,

G
Come and hear this song tomorrow,

D   **A7**   **D**
Look a-way, look away, look a-way, Dixie Land!

Chorus 4   Repeat Chorus 1

Down by the Riverside

African American Spiritual

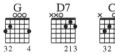

Verse 1

      G
Gonna lay down my burden

             D7
Down by the riverside,

             G
Down by the riverside,

Down by the riverside.

Gonna lay down my burden

Down by the riverside

  D7   **G**
And study war no more.

Chorus 1

           C
I ain't gonna study war no more,

           G
I ain't gonna study war no more,

           D7   **G**
I ain't gonna study war no more.

           C
I ain't gonna study war no more,

           G
I ain't gonna study war no more,

           D7   **G**
I ain't gonna study war no more.

Verse 2

               G
Gonna lay down my sword and shield

                            D7
Down by the riverside,

                           G
Down by the riverside,

Down by the riverside.

Gonna lay down my sword and shield

Down by the riverside

     D7   **G**
And study war no more.

Chorus 2   Repeat Chorus 1

Verse 3

               G
Gonna try on my long white robe

                            D7
Down by the riverside,

                           G
Down by the riverside,

Down by the riverside.

Gonna try on my long white robe

Down by the riverside

     D7   **G**
And study war no more.

Chorus 3   Repeat Chorus 1

Down in the Valley

Traditional American Folksong

Melody:

Down in the val - ley,...

Verse 1

        G   **D7**
Down in the valley, valley so low,

                      G
Late in the evening hear the train blow.

                         D7
Hear the train blowing, hear that train blow;

                     G
Hang your head over, hear that train blow.

Verse 2

        G   **D7**
Roses love sunshine, vi'lets love dew,

                 G
Angels in heaven know I love you.

                    D7
Know I love you, dear, know I love you.

                 G
Angels in heaven know I love you.

Verse 3

        G   **D7**
Write me a letter, send it by mail;

                 G
Send it in care of Birmingham jail.

                    D7
Birmingham jailhouse, Birmingham jail,

                 G
Send it in care of Birmingham jail.

Freight Train

Words and Music by Elizabeth Cotten

Verse 1

    D   A
Freight train, freight train run so fast,

                   D
Freight train, freight train run so fast.

F#7   G
Please don't tell what train I'm on,

          D   G   A7 D
They won't know what route I've gone.

Verse 2

    D   A
When I'm dead and in my grave,

                D
No more good times here I'll crave.

F#7   G
Place the stones at my head and feet,

          D   G A7 D
And tell them all that I've gone to sleep.

Verse 3

    D   A
When I die, Lord, bury me deep,

              D
Way down on old Chestnut Street,

F#7   G
So I can hear old Number Nine

    D   G A7 D
As she comes roll-ing by.

Down Yonder

Words and Music by L. Wolfe Gilbert

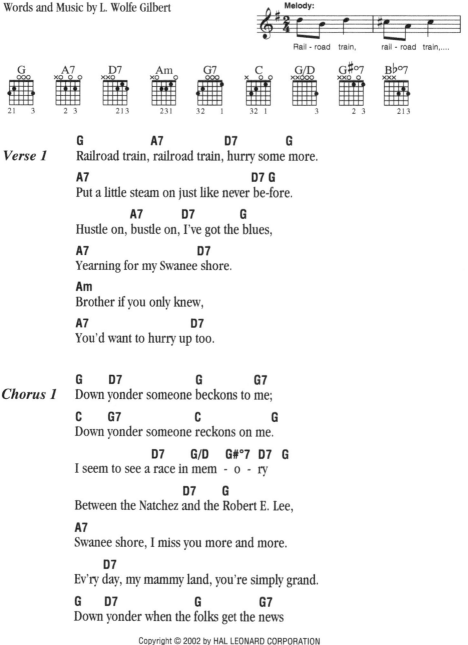

Verse 1

|G |A7 |D7 |G|
Railroad train, railroad train, hurry some more.

|A7 | |D7 G|
Put a little steam on just like never be-fore.

|A7 |D7 |G|
Hustle on, bustle on, I've got the blues,

|A7 | |D7|
Yearning for my Swanee shore.

|Am|
Brother if you only knew,

|A7 | |D7|
You'd want to hurry up too.

Chorus 1

|G |D7 |G |G7|
Down yonder someone beckons to me;

|C |G7 |C |G|
Down yonder someone reckons on me.

|D7 |G/D |G#°7 D7 G|
I seem to see a race in mem - o - ry

|D7 |G|
Between the Natchez and the Robert E. Lee,

|A7|
Swanee shore, I miss you more and more.

|D7|
Ev'ry day, my mammy land, you're simply grand.

|G |D7 |G |G7|
Down yonder when the folks get the news

```
C    G7        C
Don't wonder at the hullabaloos.

        G
There's daddy and mammy, there's Ephraim and Sammy,

A7              D7      G  B♭°7 D7
Waitin' down yon - der for me.

        G           A7          D7          G
Verse 2  Summer night, fields of white, bright cotton moon.

A7                              D7 G
My, but I feel glad, I'm gonna see you all soon.

            A7          D7          G
'Lasses cakes, Mammy bakes, I taste them now.

A7                  D7
I can hear the darkies croon.

Am
I'll see my sweetie once more.

A7                  D7
There's lots of kissing in store.

        G    D7        G          G7
Chorus 2  Down yonder someone beckons to me;

C    G7        C          G
Down yonder someone reckons on me.

            D7    G/D   G#°7 D7  G
I seem to see a race in mem - o - ry

                D7      G
Between the Natchez and the Robert E. Lee,

A7
Swanee shore, I miss you more and more.

    D7
Ev'ry day, my mammy land, you're simply grand.

G    D7        G          G7
Down yonder when the folks get the news

C    G7        C
Don't wonder at the hullabaloos.

        G
There's daddy and mammy, there's Ephraim and Sammy,

A7              D7      G
Waitin' down yon - der for me.
```

Drink to Me Only With Thine Eyes

Lyrics by Ben Jonson
Traditional Music

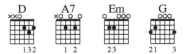

Verse 1

    D   A7 D   Em
Drink to me only with thine eyes,

    D A7   D
And I will pledge with mine;

      A7   D Em
Or leave a kiss with-in the cup

    D   A7   D
And I'll not ask for wine.

The thirst that from the soul doth rise,

    G   D   A7
Doth ask a drink di-vine,

    D   A7   D Em
But might I of Jove's nectar sip,

    D   A7   D
I would not ask for wine.

Verse 2

D   A7   D   Em
I sent thee late a rosy wreath,

D   A7   D
Not so much hon'ring thee,

A7   D   Em
As giving it a hope that there

D   A7   D
It could not withered be.

But thou thereon didst on only breathe

G   D   A7
And sent it back to me,

D   A7   D   Em
Since when it grows and smells, I swear,

D   A7   D
Not of it-self, but thee.

The Drunken Sailor

American Sea Chantey

Chorus 1

D
'Way hay, 'n'up she rises!

A7
Patent blocks o' diff'rent sizes.

D
'Way hay, 'n'up she rises

A7   **D**
Earlye in the mornin'!

Verse 1

D
What shall we do wi' a drunken sailor?

A7
What shall we do wi' a drunken sailor?

D
What shall we do wi' a drunken sailor?

A7   **D**
Earlye in the mornin'!

Chorus 2   Repeat Chorus 1

GUITAR CHORD SONGBOOK

Verse 2	**D** Put him in the longboat till he gets sober,	
	A7 Put him in the longboat till he gets sober,	
	D Put him in the longboat till he gets sober,	
	A7　　　**D** Earlye in the mornin'!	

Chorus 3	Repeat Chorus 1

Verse 3	**D** Keep him there an' make him bail her,
	A7 Keep him there an' make him bail her,
	D Keep him there an' make him bail her,
	A7　　　**D** Earlye in the mornin'!

Chorus 4	Repeat Chorus 1

Verse 4	**D** Trice him up in a runnin' bowline,
	A7 Trice him up in a runnin' bowline,
	D Trice him up in a runnin' bowline,
	A7　　　**D** Earlye in the mornin'!

| *Chorus 5* | Repeat Chorus 1 |

Verse 5	**D** Tie him to the taffrail when she's yardarm under,
	A7 Tie him to the taffrail when she's yardarm under,
	D Tie him to the taffrail when she's yardarm under,
	A7　　　**D** Earlye in the mornin'!

| *Chorus 6* | Repeat Chorus 1 |

Verse 6	**D** Put him in the scuppers with a hosepipe on him,
	A7 Put him in the scuppers with a hosepipe on him,
	D Put him in the scuppers with a hosepipe on him,
	A7　　　**D** Earlye in the mornin'!

| *Chorus 7* | Repeat Chorus 1 |

Verse 7	**D** Take him an' shake 'im, an' try an' wake 'im,
	A7 Take him an' shake 'im, an' try an' wake 'im,
	D Take him an' shake 'im, an' try an' wake 'im,
	A7　　　**D** Earlye in the mornin'!

Chorus 8   Repeat Chorus 1

D
Verse 8   Give him a dose o' salt an' water,

A7
Give him a dose o' salt an' water,

D
Give him a dose o' salt an' water,

A7   **D**
Earlye in the mornin'!

Chorus 9   Repeat Chorus 1

D
Verse 9   Give him a taste o' the bosun's rope-end,

A7
Give him a taste o' the bosun's rope-end,

D
Give him a taste o' the bosun's rope-end,

A7   **D**
Earlye in the mornin'!

Chorus 10   Repeat Chorus 1

The Foggy Dew

Traditional Irish Folk Song

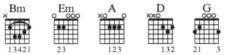

Verse 1

   Bm   **Em**   **A**
Over the hills I went one day;

  Bm **Em** **Bm**
A lovely maid I spied.

                         Em   **A**
With her coal-black hair and her mantle so green,

  Bm **Em** **Bm**
An image to per-ceive.

    D   **G**   **D** **A**
Says I, "Dear girl, will you be my bride?"

    Bm   **Em** **F#m** **Bm**
And she lifted her eyes of__ blue.

                    Em **A**
She smiled and said, "Young man, I'm to wed;

   Bm   **Em** **Bm**
I'm to meet him in the foggy dew."

Verse 2

    Bm   **Em**   **A**
Over the hills I went one morn,

  Bm   **Em** **Bm**
A singing I did go.

                              Em   **A**
Met this lovely maid with her coal-black hair,

     Bm   **Em**   **Bm**
And she answered soft and low.

     D   **G**   **D**   **A**
Said she, "Young man, I'll be your bride,

   Bm   **Em**   **F#m** **Bm**
If I know that you'll be__ true."

                 Em **A**
Oh, in my arms, all of her charms

    Bm   **Em** **Bm**
Were casted in the foggy dew.

Frankie and Johnny

Anonymous Blues Ballad

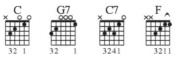

3 2 1   3 2   1   3 2 4 1   3 2 1 1

Verse 1

```
        C                    G7       C
Frankie and John - ny were lovers,
                      G7    C7
Said they were real - ly in love.
        F              C7        F
Now Frankie was true__ to her Johnny,
                     C
True as all the stars a-bove.
        G7                  C       G7
He was her man, but he done her wrong.
```

Verse 2

```
        C                 G7       C
Frankie and John - ny went walking,
                 G7        C7
Johnny had on__ a new suit
        F               C7        F
That Frankie had bought__ with a "c-note,"
                        C
'Cause it made him look so cute.
          G7                 C       G7
He was her man, but he done her wrong.
```

Verse 3

```
        C                 G7      C
Johnny said, "I've__ got to leave now,
              G7     C7
But I won't be__ very long.
        F            C7        F
Don't sit up and wait__ for me, honey;
```

              C

Don't you worry while I'm gone."

     G7   **C**   **G7**

He was her man, but he done her wrong.

        C   **G7**   **C**

Verse 4   Frankie went down___ to the hotel,

            G7   **C7**

Looked in the win - dow so high;

   F   **C7**   **F**

There she saw her___ lovin' Johnny

               C

Making love to Nellie Bly.

     G7   **C**   **G7**

He was her man, but he done her wrong.

        C   **G7**   **C**

Verse 5   Johnny saw Frank - ie a comin'

            G7   **C7**

Down the back stairs___ he did scoot.

   F   **C7**   **F**

Frankie she took___ out her pistol;

               C

Oh, that lady sure could shoot!

     G7   **C**   **G7**

He was her man, but he done her wrong.

        C   **G7**   **C**

Verse 6   Frankie, she went___ to the big chair,

            G7   **C7**

Calm as a la - dy could be.

   F   **C7**   **F**

Turning her eyes___ up, she whispered,

               C

"Lord, I'm coming up to Thee.

     G7   **C**

He was my man, but he done me wrong."

Git Along, Little Dogies

Western American Cowboy Song

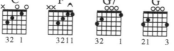

Verse 1

    C   F   G7   C
As I was a walking one morning for pleasure,

               F   G7   C
I saw a cow-puncher come riding a-long.

                  F   G7   C
His hat was throwed back and his spurs was a jingling,

           F   G7   C
And as he ap-proached he was singing this song:

Chorus 1

               G   C
Whoopee-ti-yi-yo, git a-long, little dogies!

               G   F   C
It's your misfortune and none of my own.

              F   G7   C
Whoopee-ti-yi-yo, git a-long, little dogies!

              F   G7   C
You know that Wy-oming will be your new home.

Verse 2

    C   F   G7   C
Early in the spring we round up all the dogies.

                       F   G7   C
We mark 'em and brand 'em and bob off their tails.

                   F   G7   C
Round up our horses, load up the chuck-wagon.

                F   G7   C
Throw all them dogies right up on the trail.

Chorus 2   Repeat Chorus 1

Verse 3

            C   F   G7   C
Well, it's whooping and yelling and rounding the dogies

                  F   G7   C
From sunrise till sunset and all the night long.

                 F   G7   C
So come now, you young over the prairie

                F   G7   C
And keep right on hearing my beautiful song.

Chorus 3   Repeat Chorus 1

Good Night Ladies

Words by E.P. Christy
Traditional Music

G	D7	G7	C	D
ooo	xxo	ooo	x o o	xxo
21 3	213	32 1	32 1	132

Verse

G
Good night, ladies,

      D7
Good night, ladies!

G **G7**   **C**
Good night, ladies,

     G   **D7**   **G**
We're going to leave you now.

Merrily we roll along,

D   **G**
Roll along, roll along.

Merrily we roll along,

D7   **G**
O'er the deep blue sea.

Grandfather's Clock

By Henry Clay Work

Melody:

My grand - fa - ther's clock...

G   D7   C   D   Em   A7

Verse 1

       G   **D7**   **G**   **C**
My grandfather's clock was too large for the shelf

       G   **D7**   **G**
So it stood ninety years on the floor.

D **G**   **D7**   **G**   **C**
It was taller by half than the old man him-shelf

       G   **D7**   **G**
Tho' it weighed not a penny-weight more.

              Em   **A7**   **D7** **G**
It was bought on the morn of the day that he was born

              Em   **A7** **D7**
And was always his treasure and pride.____

Chorus 1

       G   **D7**
But it stopped short

G   **C**   **G** **D7** **G**
Never to go a-gain when the old man died.

Ninety years without slumbering,

Tick tock, tick tock,

His life seconds numbering,

Tick tock, tick tock.

D7
It stopped short

G   **C**   **G D7 G**
Never to go a-gain when the old man died.

        G   **D7**   **G**   **C**
Verse 2   In watching its pendulum swing to and fro

        G   **D7**   **G**
Many hours had he spent while a boy.

D **G**   **D7**   **G**   **C**
And in childhood and manhood the clock seemed to know

        G   **D7**   **G**
And to share both his grief and his joy.

               Em   **A7**   **D7** **G**
For it struck twenty-four when he entered at the door,

               Em   **A7**   **D7**
With a blooming a beautiful bride.____

Chorus 2   Repeat Chorus 1

        G   **D7**   **G**   **C**
Verse 3   My grandfather said that of those he could hire,

        G   **D7**   **G**
Not a servant so faithful he found.

D **G**   **D7**   **G**   **C**
For it wasted no time, and had but one de-sire,

        G   **D7**   **G**
At the close of each week to be wound.

                        Em   A7   D7   G
    And it kept in its place not a frown up-on its face,

                          Em   A7   D7
    And its hands never hung by its side.____

Chorus 3   Repeat Chorus 1

                 G   D7   G   C
Verse 4   It rang an a-larm in the dead of the night,

                 G   D7   G
              An a-larm that for years had been dumb.

              D   G   D7   G   C
              And we knew that his spirit was pluming its flight,

                 G   D7   G
              That his hour of de-parture had come.

                              Em   A7   D7   G
              Still the clock kept the time, with a soft and muffled chime,

                       Em   A7   D7
              As we silently stood by his side.____

Chorus 4   Repeat Chorus 1

He's Got the Whole World in His Hands

Traditional Spiritual

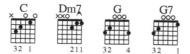

32 1   2 1 1   32   4   32   1

                         C

Chorus 1   He's got the whole world in His hands,

                         Dm7   **G**   **Dm7**   **G7**

                         He's got the whole wide world in His hands,___

                         C

                         He's got the whole world in His hands,

                         G7   **C**

                         He's got the whole world in His hands.

                         C

Verse 1   He's got the little tiny baby in His hands,

                         Dm7   **G7**   **Dm7**   **G7**

                         He's got the little tiny baby in His hands,___

                         C

                         He's got the little tiny baby in His hands,

                         G7   **C**

                         He's got the whole world in His hands.

Chorus 2   Repeat Chorus 1

Verse 2

        C
He's got you and me, brother, in His hands,

     Dm7   **G7**   **Dm7**   **G7**
He's got you and me, sister, in His hands,___

        C
He's got you and me, brother, in His hands,

    G7   **C**
He's got the whole world in His hands.

Chorus 3   Repeat Chorus 1

Verse 3

        C
He's got ev'rybody here in His hands,

     Dm7   **G7** **Dm7**   **G7**
He's got ev'rybody here in His hands,___

        C
He's got ev'rybody here in His hands,

    G7   **C**
He's got the whole world in His hands.

Chorus 4   Repeat Chorus 1

Home on the Range

Lyrics by Dr. Brewster Higley
Music by Dan Kelly

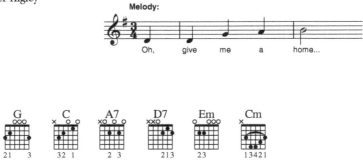

Verse 1

      G   **C**
Oh, give me a home where the buffalo roam,

      G   **A7**   **D7**
Where the deer and the antelope play,

     G   **C**
Where seldom is heard a dis-couraging word,

     G   **D7**   **G**
And the skies are not cloudy all day.

Chorus 1

 G   **D7**   **G**
Home, home on the range,

      Em   **A7**   **D7**
Where the deer and the antelope play.

     G   **C**   **Cm**
Where seldom is heard a dis-couraging word,

     G   **D7**   **G**
And the skies are not cloudy all day.

Verse 2
      G   **C**
How often at night when the heavens are bright

        G   **A7**   **D7**
With the light from the glittering stars,

       G   **C**
Have I stood there amazed and asked as I gazed,

       G   **D7**   **G**
If their glory ex-ceeds that of ours.

Chorus 2   Repeat Chorus 1

Verse 3
        G   **C**
Where the air is so pure, the zephyrs so free,

      G   **A7**   **D7**
The breezes so balmy and light,

       G   **C**
That I would not exchange my home on the range

     G   **D7**   **G**
For all of the cities so bright.

Chorus 3   Repeat Chorus 1

Verse 4
       G   **C**
Oh, I love those wild flow'rs in this dear land of ours.

      G   **A7**   **D7**
The curlew, I love to hear scream.

       G   **C**
And I love the white rocks and the antelope flocks

      G   **D7**   **G**
That graze on the mountaintops green.

Chorus 4   Repeat Chorus 1

House of the Rising Sun

Southern American Folksong

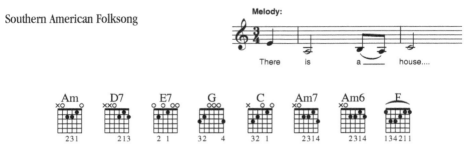

Verse 1

	Am	D7		E7		Am

Am D7   E7   Am
There is a house in New Or-leans,

G   C E7
They call the Rising Sun.____

Am   Am7 Am6   F
It has been the ruin of many a poor girl,

Am E7   Am E7
And I, oh Lord, was one.

Verse 2

Am   D7   E7   Am
If I had listened to what mama had said,

G   C E7
I'd 'a' been at home to-day.____

Am   Am7   Am6   F
Being so young and foolish, poor girl,

Am   E7   Am E7
Let a gambler lead me a-stray.

Verse 3

Am   D7   E7 Am
My mother, she's a tai - lor,

G   C   E7
She sells those new blue jeans.____

Am   Am7 Am6   F
My sweetheart, he's a drunkard, Lord,

Am   E7   Am E7
Drink down in New Or-leans.

Verse 4

Am D7   E7   Am
The only thing a drunkard needs

G   C   E7
Is a suitcase and a trunk.____

Am Am7   Am6 F
The only time he's satis-fied

Am   E7 Am E7
Is when he's on a drunk.

Verse 5

Am   D7 E7 Am
Go tell my baby, sis - ter,

G   C   E7
Never do like I have done.____

Am   Am7   Am6   F
To shun that house in New Or-leans,

Am   E7   Am E7
They call the Rising Sun.

Verse 6

Am   D7   E7 Am
One foot is on the plat-form,

G   C   E7
And the other is on the train.____

Am Am7 Am6   F
I'm going back to New Or-leans

Am   E7   Am   E7
To wear the ball and chain.

Verse 7

Am D7   E7   Am
I'm going back to New Or-leans,

G   C E7
My race is almost run.____

Am Am7 Am6   F
Going back to end my life

Am   E7   Am Am6
Be-neath the Rising Sun.

Hush, Little Baby

Carolina Folk Lullaby

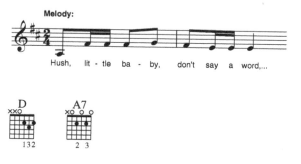

Melody:

Hush, lit - tle ba - by, don't say a word,...

D
x x o
1 3 2

A7
x o   o o
2 3

Verse 1

    D   **A7**
Hush, little baby, don't say a word,

                    D
Poppa's gonna buy you a mockingbird.

             A7
If that mocking bird don't sing,

               D
Poppa's gonna buy you a diamond ring.

Verse 2

      D   **A7**
And if that diamond ring is brass,

               D
Poppa's gonna buy you a looking glass.

            A7
And if that looking glass gets broke,

              D
Poppa's gonna buy you a billy goat.

Verse 3

    D   **A7**
And if that billy goat don't pull,

                      D
Poppa's gonna buy you a cart and bull.

             A7
And if that cart and bull turn over,

                  D
Poppa's gonna buy you a dog named Rover.

Verse 4

    D   **A7**
And if that dog named Rover don't bark,

                D
Poppa's gonna buy you a horse and cart.

          A7
And if that horse and cart fall down,

                    D
You'll still be the sweetest little baby in town.

I Gave My Love a Cherry (The Riddle Song)

Traditional

G   C   D7   Em

Verse 1

    G   C   G
I gave my love a cherry that had no stone.

    D7   G   D7
I gave my love a chicken that had no bone.

                 G   D7
I told my love a story that had no end.

    Em   C   G
I gave my love a baby with no cry-in'.

Verse 2

      G   C   G
How can there be a cherry that has no stone?

    D7   G   D7
How can there be a chicken that has no bone?

                 G   D7
How can there be a story that has no end?

    Em   C   G
How can there be a baby with no cry-in'?

Verse 3

    G   C   G
A cherry when it's blooming, it has no stone.

    D7   G   D7
A chicken when it's pipping, it has no bone.

                 G   D7
The story that I love you, it has no end.

    Em   C   G
A baby when it's sleeping has no cry-in'.

Jesse James

Missouri Folksong

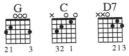

Verse 1

     G
Jesse James was a lad

   C   **G**
Who killed many a man.

                  D7
Once he robbed the Glendale train.

      G
He would steal from the rich,

      C   **G**
He would give to the poor;

          D7   **G**
Had a hand and a heart and a brain.

    C
Poor Jesse had a wife

   G
To mourn for his life;

             D7
Three children, they were brave.

     G
But the dirty little coward

    C   **G**
Who shot Jimmy Howard

      D7   **G**
Has laid poor Jesse in his grave.

		G
Verse 2		Jesse James was a friend,

               C   **G**
And he helped ev'ryone out

                                  D7
With the loot he stole from the bank.

          G
When a robb'ry occurred,

          C   **G**
No one had a doubt,

                  D7   **G**
It was he and his dear brother Frank.

          C
Then one day Robert Ford,

          G
For the sake of reward,

                  D7
His word to the gov'nor gave.

          G
Oh, the dirty little coward

          C   **G**
Who shot Jimmy Howard

              D7   **G**
Has laid poor Jesse in his grave.

Verse 3

             G
Jesse James took a name,

        C   **G**
"Jimmy Howard," and flew

                   D7
To a town where he wasn't known

        G
But his friend Robert Ford,

        C   **G**
Neither faithful nor true,

             D7   **G**
Turned against him and caught him a-lone.

       C
Poor Jesse, he was mourned,

       G
And his killer was scorned.

            D7
How can friendship so be-have?

       G
Oh, the dirty little coward

       C   **G**
Who shot Jimmy Howard

         D7   **G**
Has laid poor Jesse in his grave.

I've Been Working on the Railroad

American Folksong

G   G7   C   A7   D7   B7   C#°7

Verse

G   **G7**
I've been working on the rail-road,

C   **G**
All the live-long day;

I've been working on the railroad,

     A7   **D7**
Just to pass the time a-way.

                        G
Can't you hear the whistle blowin'?

C   **B7**
Rise up so early in the morn.

C   **G**
Can't you hear the captain shoutin'?

                D7 **G**
"Dinah, won't you blow your horn!"

Dinah, won't you blow,

C   **A7**
Dinah, won't you blow,

D7   **G** **D7** **G**
Dinah, won't you blow your horn?

GUITAR CHORD SONGBOOK

Dinah, won't you blow,

C   **A7**
Dinah, won't you blow,

D7   **G**
Dinah, won't you blow your horn?

Someone's in the kitchen with Dinah,

                              D7
Someone's in the kitchen I know,

G   **C**   **C#°7**
Someone's in the kitchen with Di - nah,

G   **D7**   **G**
Strummin' on the old ban-jo

D7   **G**
And singin', "Fee, fi, fiddle-ee-i-o,

              D7
Fee, fi, fiddle-ee-i-o,

G   **C**   **C#°7**
Fee, fi, fiddle-ee-i-o,"

G   **D7**   **G**
Strummin' on the old ban-jo.

I've Got Peace Like a River

Traditional

Melody:

I've got peace like a riv - er,...

G   B7   Em   C   D7   A7   D

Verse 1

G
I've got peace like a river,

B7 Em C D7
I've got peace like a river,

G Em A7   D D7
I've got peace like a river in my soul;

G
I've got peace like a river,

B7 Em C D7
I've got peace like a river,

G Em A7 D7 G
I've got peace like a river in my soul.

Verse 2

G
I've got love like an ocean,

B7   Em C   D7
I've got love like an ocean,

       G   Em   A7   D   D7
I've got love like an ocean in my soul;___

       G
I've got love like an ocean,

B7   Em C   D7
I've got love like an ocean,

       G   Em   A7   D7   G
I've got love like an ocean in my soul.

Verse 3

G
I've got joy like a fountain,

B7   Em C   D7
I've got joy like a fountain,

       G   Em   A7   D   D7
I've got joy like a fountain in my soul;___

       G
I've got joy like a fountain,

B7   Em C   D7
I've got joy like a fountain,

       G   Em   A7   D7   G
I've got joy like a fountain in my soul.

In the Good Old Summertime

Words by Ren Shields
Music by George Evans

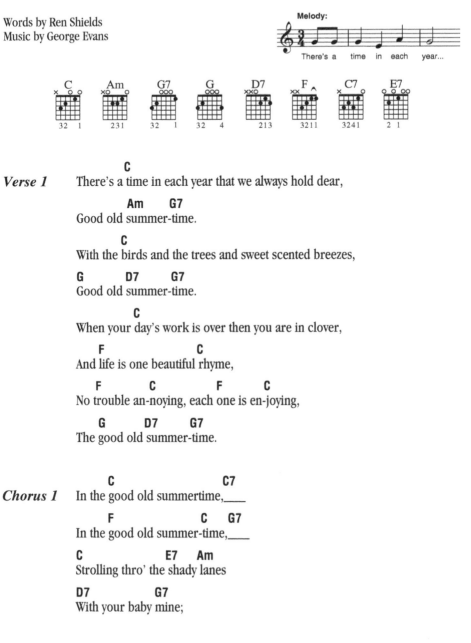

Melody:

There's a   time   in   each   year...

C   Am   G7   G   D7   F   C7   E7

Verse 1

      C
There's a time in each year that we always hold dear,

      Am   **G7**
Good old summer-time.

      C
With the birds and the trees and sweet scented breezes,

G   **D7**   **G7**
Good old summer-time.

      C
When your day's work is over then you are in clover,

   F   **C**
And life is one beautiful rhyme,

   F   **C**   **F**   **C**
No trouble an-noying, each one is en-joying,

   G   **D7**   **G7**
The good old summer-time.

Chorus 1

      C   **C7**
In the good old summertime,____

     F   **C** **G7**
In the good old summer-time,____

C   **E7**   **Am**
Strolling thro' the shady lanes

D7   **G7**
With your baby mine;

```
    C                                C7
You hold her hand and she holds yours,

    F                      C    G7
And that's a very good sign____

    C                        E7
That she's your tootsey wootsey

Am  D7         G7        C
In the good old summer-time.
```

```
             C
Verse 2      To swim in the pool you'd play "hookey" from school;

             Am        G7
Good old summer-time.

             C
You'd play "ring a-rosie" with Jim, Kate, and Josie;

G        D7      G7
Good old summer-time.

             C
Those days full of pleasure we now fondly treasure,

        F                    C
When we never thought it a crime

    F        C            F           C
To go stealing cherries, with face brown as berries;

G        D7      G7
Good old summer-time.
```

Chorus 2   Repeat Chorus 1

Jeanie With the Light Brown Hair

Words and Music by Stephen C. Foster

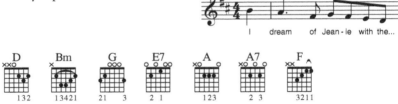

D Bm G E7 A A7 F

Verse 1

     D
I dream of Jeanie with the light brown hair,

Bm   **G**   **D**   **E7**   **A**
Borne like a vapor on the summer air.

     D
I see her tripping where the bright streams play,

A   **D**   **A**   **E7**   **A**
Happy as the daisies that dance on her way.

A7   **D**
Many were the wild notes her merry voice would pour,

G   **D** **F**   **Bm** **E7**   **A**
Many were the blithe birds that war - bled them o'er.

     D
I dream of Jeanie with the light brown hair,

Bm **G**   **D**   **G**   **D** **A7**   **D**
Floating like a vapor on the soft summer air.

Verse 2

D
I long for Jeanie with the day-dawn smile,

Bm   G   D   E7   A
Radiant in gladness, warm with winning guile.

D
I hear her melodies, like joys gone by,

A   D   A   E7   A
Sighing 'round my heart o'er the fond hopes that die.

A7   D
Sighing like the night wind and sobbing like the rain,

G   D   F   Bm   E7   A
Wailing for the lost one that comes not a-gain.

D
I long for Jeanie, and my heart bows low,

Bm   G   D   G   D   A7   D
Never-more to find her where the bright waters flow.

Verse 3

D
I sigh for Jeanie, but her light form strayed

Bm   G   D   E7   A
Far from the fond hearts 'round her native glade.

D
Her smiles have vanished and her sweet songs flown,

A   D   A   E7   A
Flitting like the dreams that have cheered us and gone.

A7   D
How the nodding wildflowers may wither on the shore,

G   D   F   Bm   E7   A
While her gentle fin - gers will cull them no more.

D
I sigh for Jeanie with the light brown hair.

Bm   G   D   G   D   A7   D
Floating like a vapor on the soft summer air.

John Brown's Body

Traditional

Melody:

John Brown's _ bod - y lies a mould-'ring in the grave,...

A	D	C#7	F#m	Bm	Esus4	E
123	132	3241	134111	13421	234	231

Verse 1

A
John Brown's body lies a mould'ring in the grave.

D   **A**
John Brown's body lies a mould'ring in the grave.

                 C#7   **F#m**
John Brown's body lies a mould'ring in the grave,

     Bm   **Esus4 E**   **A**
But his soul is march-ing on.

Chorus 1

A
Glory, glory, hallelujah!

D   **A**
Glory, glory, halle-lujah!

                 C#7 F#m
Glory, glory, halle - lu - jah!

     Bm   **Esus4 E**   **A**
His soul is march-ing on.

Verse 2

A
The stars of heaven are looking kindly down.

D .   **A**
The stars of heaven are looking kindly down.

                 C#7   **F#m**
The stars of heaven are looking kindly down

     Bm   **Esus4 E**   **A**
On the grave of old__ John Brown.

Chorus 2   Repeat Chorus 1

                      A
Verse 3   He's gone to be a soldier in the army of the Lord.
                      D   **A**
             He's gone to be a soldier in the army of the Lord.
                                          C#7   **F#m**
             He's gone to be a soldier in the army of the Lord.
                  Bm   Esus4 E   A
             His soul is march-ing on.

Chorus 3   Repeat Chorus 1

                      A
Verse 4   John Brown died that the slave might be free.
                      D   **A**
             John Brown died that the slave might be free.
                                      C#7   **F#m**
             John Brown died that the slave might be free,
                  Bm   Esus4 E   A
             But his soul goes march-ing on.

Chorus 4   Repeat Chorus 1

                      A
Verse 5   John Brown's knapsack is strapped to his back.
                      D   **A**
             John Brown's knapsack is strapped to his back.
                                      C#7   **F#m**
             John Brown's knapsack is strapped to his back.
                  Bm   Esus4 E   A
             His soul is march-ing on.

Chorus 5   Repeat Chorus 1

                A
Verse 6   His pet lambs will meet on the way.

                D   **A**
           His pet lambs will meet on the way.

                               C#7   **F#m**
           His pet lambs will meet on the way,

                 Bm   **Esus4 E A**
           And they'll go march-ing on.

Chorus 6   Repeat Chorus 1

                A
Verse 7   They will hang Jeff Davis on a sour apple tree.

                D   **A**
           They will hang Jeff Davis on a sour apple tree.

                               C#7   **F#m**
           They will hang Jeff Davis on a sour apple tree,

                 Bm   **Esus4 E A**
           As they go march-ing on.

Chorus 7   Repeat Chorus 1

John Henry

West Virginia Folksong

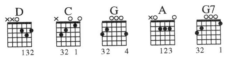

Verse 1

      D
Well, ev'ry Monday morning

           C G A
When the bluebirds be-gin to sing,

     D   **G**
You can see John Henry out on the line.

     D
You can hear John Henry's hammer ring, Lord, Lord.

You can hear John Henry's hammer ring.

Verse 2

      D
When John Henry was a little baby,

         C G A
A sitting on his pa-pa's knee,

     D   **G**
He picked up a hammer and a little piece of steel,

     D
Said, "Hammer's gonna be the death of me,

Hammer's gonna be the death of me."

Verse 3

        D
Well, the captain said to John Henry,

            C   **G** **A**
"Gonna bring me a steam drill 'round.

        D   **G**
Gonna bring me a steam drill out on the job,

        D
Gonna whup that steel on down, oh yeah,

Gonna whup that steel on down."

Verse 4

        D
John Henry said to his captain,

            C **G A**
"A man ain't nothin' but a man.

        D   **G**
And be-fore I let that steam drill beat me down,

        D
I'll die with a hammer in my hand, Lord, Lord,

I'll die with a hammer in my hand."

Verse 5

        D
John Henry said to his shaker,

            C   **G** **A**
He said, "Shaker, why don't you pray?

        D   **G**
'Cause if I miss this little piece of steel,

        D
To-morrow be your buryin' day, yes sir,

Tomorrow be your buryin' day."

Verse 6

D
John Henry was driving on the mountain,

            C   G A
And his hammer was flash-ing fire.

      D   G
And the last words I heard that poor boy say:

        D
"Gimme a cool drink of water 'fore I die, Lord, Lord,

Gimme a cool drink of water 'fore I die."

Verse 7

D
John Henry, he drove fifteen feet,

         C   G   A
The steam drill only made nine.

       D   G
But he hammered so hard that he broke his poor heart,

      D
And he laid down his hammer and he died,

He laid down his hammer and he died.

Verse 8

D
They took John Henry to the graveyard

        C G A
And they buried him in the sand.

     D   G
And every locomotive comes a roaring by says,

     D
"There lies a steel-driving man,

There lies a steel-driving man."

Joshua (Fit the Battle of Jericho)

African-American Spiritual

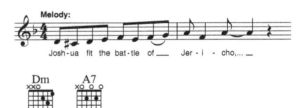

Dm   A7

Chorus 1
   Dm
Joshua fit the battle of Jericho,

A7   **Dm**   **A7**
Jericho, Jericho._

Dm
Joshua fit the battle of Jericho

   A7   **Dm**
And the walls came tumblin' down.

Verse 1
           Dm   **A7**   **Dm**   **A7**
You may talk about your man of Gideon,__

           Dm   **A7**   **Dm A7**
You may talk about your man of Saul;__

           Dm   **A7**   **Dm**   **A7**   **Dm**
There's none like good old Josh - u - a_____

   A7   **Dm**
At the battle of Jericho.___

Chorus 2   Repeat Chorus 1

Verse 2
```
             Dm       A7     Dm    A7
```
'Way up to the walls of Jericho___

```
         Dm              A7       Dm  A7
```
He marched with a spear in hand.___

```
         Dm      A7           Dm  A7      Dm
```
"Go blow the ram's horn," Josh-ua cried,__

```
              A7                   Dm
```
"'Cause the battle is in my hands."___

Chorus 3   Repeat Chorus 1

Verse 3
```
          Dm              A7      Dm          A7
```
Then the lamb, ram, sheep horns be-gan to blow___

```
        Dm        A7    Dm     A7
```
And the trumpets be-gan to sound;___

```
        Dm       A7        Dm    A7      Dm
```
And Joshua com-manded the children to shout___

```
        A7                     Dm
```
And the walls came tumbling down.___

Chorus 4   Repeat Chorus 1

Little Brown Jug

Words and Music by Joseph E. Winner

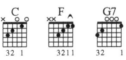

Verse 1

    C   F
My wife and I lived all alone

    G7   C
In a little log hut we called our own,

            F
She loved gin and I loved rum;

    G7   C
I tell you what, we'd lots of fun!

Chorus 1

    C   F
Ha, ha, ha, you and me,

    G7   C
Little brown jug don't I love thee!

          F
Ha, ha, ha, you and me,

    G7   C
Little brown jug don't I love thee!

Verse 2

    C   F
'Tis you who makes my friend my foes,

    G7   C
'Tis you who makes me wear old clothes,

          F
Here you are so near my nose,

    G7   C
So tip her up and down she goes!

Chorus 2   Repeat Chorus 1

Verse 3
          C   F
When I got toiling to my farm,
   G7   C
I take little brown jug un-der my arm.
                F
I place it under a shady tree;
 G7   C
Little brown jug, 'tis you and me.

Chorus 3   Repeat Chorus 1

Verse 4
       C   F
If I'd a cow that gave such milk,
   G7   C
I'd clothe her in the finest silk,
             F
I'd feed her on the choicest hay
   G7   C
And milk her forty times a day.

Chorus 4   Repeat Chorus 1

Verse 5
       C   F
The rose is red, my nose is too,
   G7   C
The violet's blue and so are you.
            F
And yet I guess, be-fore I stop
   G7   C
I'd better take an-other drop.

Chorus 5   Repeat Chorus 1

Lonesome Valley

Traditional Spiritual

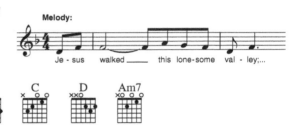

Melody:

Je - sus walked _____ this lone-some val - ley;...

G   C   D   Am7

21 3   32 1   1 3 2   2 1

Verse 1

          G   **C**
Jesus walked this lonesome valley;

          G   **D**
He had to walk it by Him-self.

      G   **C**
O, nobody else could walk it for Him;

Am7   **G**   **Am7**   **G**
He had to walk it by Him-self.

Verse 2

          G   **C**
We must walk this lonesome valley;

          G   **D**
We have to walk it by our-selves.

      G   **C**
O, nobody else can walk it for us;

Am7   **G**   **Am7**   **G**
We have to walk it by our-selves.

Verse 3

          G   **C**
You must go and stand your trial;

          G   **D**
You have to stand it by your-self.

      G   **C**
O, nobody else can stand it for you;

Am7   **G**   **Am7**   **G**
You have to stand it by your-self.

Midnight Special

Railroad Song

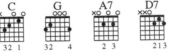

32 1   32 4   2 3   2 1 3

Verse 1

                          C
Well, you wake up in the morning,

             G
Hear the ding-dong ring,

                 A7
You go marching to the table,

       D7   **G**
See the same damn thing.

             C
Well, it's on a one table,

             G
Knife and fork and a pan,

               A7
And if you say anything a-bout it,

      D7   **G**
You're in trouble with the man.

Chorus 1

           C
Let the midnight special

          G
Shine her light on me,

          A7
Let the midnight special

      D7   **G**
Shine her ever lovin' light on me.

Verse 2
                                         C
If you ever go to Houston,

                        G
You'd better walk right,

                           A7
And you better not stagger,

                  D7   G
And you better not fight,

                              C
'Cause the sheriff will ar-rest you

                        G
And he'll carry you down,

                                A7
And you can bet your bottom dollar

                  D7   G
You're Sugarland bound.

Chorus 2   Repeat Chorus 1

Verse 3
                               C
Yonder comes Miss Rosie,

                            G
Tell me how do you know?

                          A7
I know her by her apron

                  D7   G
And the dress she wore,

                          C
Umbrella on her shoulder,

                        G
Piece of paper in her hand.

                             A7
Well, I heard her tell the captain,

                  D7   G
"I want my man."

Chorus 3   Repeat Chorus 1

Verse 4
                               C
Lord, Thelma said she loved me,

                   G
But I believed she told a lie,

                           A7
'Cause she hasn't been to see me

D7   **G**
Since last Ju-ly.

                     C
She brought me little coffee,

                   G
She brought me little tea,

                       A7
She brought me nearly ev'rything

            D7   **G**
But the jailhouse key.

Chorus 4   Repeat Chorus 1

Verse 5
                           C
Well, the biscuits on the table,

                  G
Just as hard as any rock;

             A7
If you try to eat them,

D7   **G**
Break a convict's heart.

                 C
My sister wrote a letter,

                 G
My mother wrote a card:

                        A7
"If you want to come and see us,

            D7   **G**
You'll have to ride the rods."

Chorus 5   Repeat Chorus 1

Man of Constant Sorrow

Traditional

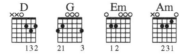

D   G   Em   Am

            D   **G**
Verse 1   I am a man of constant sorrow,

                 Em   **Am**
         I've seen trouble all my days.

                 D   **G**
         I bid fare-well to old Ken-tucky,

                    Em   **Am**
         The place where I was born and raised.

                 D   **G**
Verse 2   For six long years I've been in trouble,

                 Em   **Am**
         No pleasure here on earth I found,

                 D   **G**
         For in this world I'm bound to ramble.

                 Em   **Am**
         I have no friends to help me now.

Verse 3

       D   **G**
It's fare you well, my own true lover,

      Em   **Am**
I never ex-pect to see you a-gain;

   D   **G**
For I'm bound to ride that northern railroad,

      Em   **Am**
Perhaps I'll die upon this train.

Verse 4

         D   **G**
You may bury me in some deep valley

      Em   **Am**
For many years where I may lay,

       D   **G**
Then you may learn to love an-other

      Em   **Am**
While I am sleeping in my grave.

Verse 5

          D   **G**
Maybe your friends think I'm just a stranger,

      Em   **Am**
My face you never will see no more,

       D   **G**
But there is one promise that is given,

      Em   **Am**
I'll meet you on God's golden shore.

Marianne

Traditional

Melody:

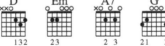

Mar - i - anne, oh,...

D   Em   A7   G

Verse 1

D
Marianne, oh, Marianne,

   Em   **A7**
Oh, you're the girl for me,

Even though your dear old mama

               D
Will not say "si, si."

Marianne, oh, Marianne,

   G
Oh, won't you please agree?

           D
You and I should marry,

A7   **D**
Raise a fami-ly.

	D **A7**
Chorus 1	All day, all night, Marianne,

Em   **A7**   **D**
Down by the seaside siftin' sand.

                  A7
All the little children love Marianne,

Em   **A7**   **D**
Down by the seaside siftin' sand.

D
Verse 2   When I met sweet Marianne,

   Em   **A7**
Her mother said to me,

"Would you care to tell me

                D
Where you stand financial-ly?"

She does not approve of me

    G
'Cause I'm no millionaire,

       D
But I love her daughter

A7   **D**
More than I can bear.

Chorus 2   Repeat Chorus 1

Matilda

Traditional Folk Song

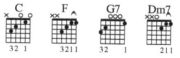

Verse 1

  C   F
Matilda, Matilda,

G7   Dm7   G7   C G7 C
Matilda, she take me mon - ey and run Vene-zue-la!

           G7 C
That woman made a wreck of me,

F
What she done to me you ought to see.

G7   Dm7   G7   C G7 C
Matilda, she take me mon - ey and gone Vene-zue-la!

Verse 2

  C   F
Matilda, Matilda,

G7   Dm7   G7   C G7 C
Matilda, she take me mon - ey and run Vene-zue-la!

           G7 C
I save up, gonna make her my wife,

F
But she want a live another kind of life.

G7   Dm7   G7   C G7 C
Matilda, she take me mon - ey and gone Vene-zue-la!

Verse 3

    C   **F**
Matilda, Matilda,

G7   **Dm7**   **G7**   **C**   **G7 C**
Matilda, she take me mon - ey and run Vene-zue-la!

                      G7 C
We were sleeping in me bed,

F
When she found the money me had hid.

G7   **Dm7**   **G7**   **C**   **G7 C**
Matilda, she take me mon - ey and gone Vene-zue-la!

Verse 4

    C   **F**
Matilda, Matilda,

G7   **Dm7**   **G7**   **C**   **G7 C**
Matilda, she take me mon - ey and run Vene-zue-la!

                      G7 C
What to do and where to go?

F
Never trust a woman with your dough.

G7   **Dm7**   **G7**   **C**   **G7 C**
Matilda, she take me mon - ey and gone Vene-zue-la!

Molly Malone (Cockles & Mussels)

Irish Folksong

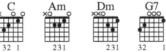

Verse 1

     C   **Am**
In Dublin's fair city

      Dm   **G7**
Where girls are so pretty,

    C   **Am**   **G7**
I first set my eyes on sweet Molly Malone,

     C   **Am**
As she pushed her wheel-barrow

      Dm   **G7**
Thro' streets broad and narrow

      C   **Am**   **Dm**   **C**
Crying, "Cockles and mussels, a-live, alive, oh!

Chorus 1

        Am
"Alive, alive, oh!

    Dm   **G7**
A-live, alive, oh!"

      C   **Am**
Crying, "Cockles and mussels,

    Dm   **C**
A-live, alive, oh!"

Verse 2

    C   **Am**
She was a fish-monger,

  Dm   **G7**
But sure 'twas no wonder,

    C   **Am**   **G7**
For so were her father and mother before.

        C   **Am**
And they each wheeled their barrow

    Dm   **G7**
Thro' streets broad and narrow

      C   **Am**   **Dm**   **C**
Crying, "Cockles and mussels, a-live, alive, oh!

Chorus 2   Repeat Chorus 1

Verse 3

    C   **Am**
She died of a fever,

  Dm   **G7**
And no one could save her,

    C   **Am**   **G7**
And that was the end of sweet Molly Malone.

      C   **Am**
But her ghost wheels her barrow

    Dm   **G7**
Thro' streets broad and narrow

      C   **Am**   **Dm**   **C**
Crying, "Cockles and mussels, a-live, alive, oh!

Chorus 3   Repeat Chorus 1

Mule Skinner Blues

Traditional

Melody:

Well, it's good morn - ing, cap - tain,...

G   C7   D7

Verse 1

    G
Well, it's good morning, captain,

Good morning, son.

      C7
And it's good morning, captain,

        G
Good morning, son.

      D7
Do you need another mule skinner

            G
Out on your new road line?

Verse 2

    G
Well, I like to work;

I'm rolling all the time.

     C7
Well, I like to work;

         G
I'm rolling all the time.

    D7
I can pop my initials

           G
Right on the mule's be-hind.

Verse 3

G
Well, it's, hey little water boy,

Bring your water 'round.

C7
Well, it's, hey little water boy,

G
Bring your water 'round.

D7
If you don't like your job

G
Set that water bucket down.

Verse 4

G
I'm a working on the new road

At a dollar and a dime a day.

C7
I'm a working on the new road

G
At a dollar and a dime a day.

D7
I got three women waiting on a Saturday night

G
Just to draw my pay.

My Bonnie Lies Over the Ocean

Traditional

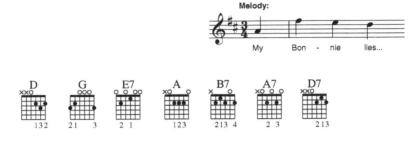

Verse

       D   **G**   **D**
My Bonnie lies over the ocean,

            E7   **A**
My Bonnie lies over the sea.

       D   **G**   **D**   **B7**
My Bonnie lies over the ocean,___

    G   **A7**   **D**
Oh, bring back my Bonnie to me.

D   **D7** **G**   **E7**
Bring back, bring back,

A   **D**
Bring back my Bonnie to me, to me,

     D7 **G**   **E7**
Bring back, bring back,

      A   **A7**   **D**
Oh, bring back my Bonnie to me.

Old Joe Clark

Tennessee Folksong

Melody:

Old   Joe   Clark,   the   preach - er's   son,...

D

C

Verse 1

    D
Old Joe Clark, the preacher's son,

Preached all over the plain.

The only text he ever used

    C   **D**
Was high low jack and the game.

Chorus 1

    D
'Round and around, Old Joe Clark,

        C
'Round and around, I say.

  D
He'd follow me ten thousand miles

  C **D**
To hear my fiddle play.

	D
Verse 2	I used to live on mountaintop,

But now I live in town.

I'm boarding at the big hotel,

      C   **D**
Courting Betsy Brown.

Chorus 2   Repeat Chorus 1

             D
Verse 3   When I was a little girl,

I used to play with toys.

Now I am a bigger girl,

      C   **D**
I'd rather play with boys.

Chorus 3   Repeat Chorus 1

             D
Verse 4   When I was a little boy,

I used to want a knife.

Now I am a bigger boy,

      C   **D**
I only want a wife.

Chorus 4   Repeat Chorus 1

Verse 5
    D
Wish I was a sugar tree,

Standin' in the middle of some town.

Ev'ry time a pretty girl passed,
    C   **D**
I'd shake some sugar down.

Chorus 5   Repeat Chorus 1

Verse 6
    D
Old Joe had a yellow cat;

She would not sing or pray.

She stuck her head in a buttermilk jar
    C   **D**
And washed her sins a-way.

Chorus 6   Repeat Chorus 1

Verse 7
    D
I wish I had a sweetheart;

I'd set her on the shelf.

And ev'ry time she'd smile at me
    C   **D**
I'd get up there my-self.

Chorus 7   Repeat Chorus 1

My Old Kentucky Home

Words and Music by Stephen C. Foster

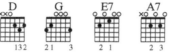

The sun shines bright in my old Ken - tuck - y home,...

D   G   E7   A7

Verse 1

    D   **G**   **D**
The sun shines bright in my old Kentucky home,

        E7   **A7**
'Tis summer, the folks there are gay.

    D   **G**   **D**
The corn top's ripe and the meadow's in the bloom,

             A7   **D**
While the birds make music all the day.

               G   **D**
The young folks roll on the little cabin floor,

        E7   **A7**
All merry, all happy and bright.

    D   **G**   **D**
By'n by hard times come a knocking at the door,

        A7   **D**
Then my old Ken-tucky home, good night.

Chorus 1

    D   **G**   **D**
Weep no more, my lady,

    G   **D**
Oh, weep no more to-day.

               G   **D**
We will sing one song for the old Kentucky home,

        G **A7**   **D**
For the old Ken-tucky home far a-way.

	D G D

Verse 2

        D   **G**   **D**
They hunt no more for the 'possum and the 'coon,

            E7   **A7**
On meadow, the hill and the shore,

        D   **G**   **D**
They sing no more by the glimmer of the moon,

            A7   **D**
On the bench by that old cabin door.

                G   **D**
The day goes by like a shadow o'er the heart,

            E7   **A7**
With sorrow where all was de-light.

        D   **G**   **D**
The time has come when the old friends have to part,

            A7   **D**
Then my old Ken-tucky home, good night.

Chorus 2   Repeat Chorus 1

Verse 3

        D   **G**   **D**
The head must bow and the back will have to bend,

            E7   **A7**
Wherever the poor folks may go.

        D   **G**   **D**
A few more days and the trouble all will end,

            A7   **D**
In the field where sugar canes grow.

                G   **D**
A few more days for to tote the weary load,

            E7   **A7**
No matter, 'twill never be light.

        D   **G**   **D**
A few more days till we totter on the road,

            A7   **D**
Then my old Ken-tucky home, good night.

Chorus 3   Repeat Chorus 1

My Wild Irish Rose

Words and Music by Chauncey Olcott

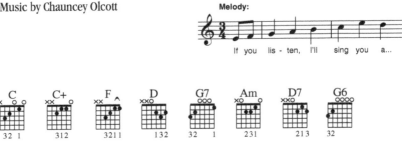

	C	C+	F	C
Verse 1	If you listen, I'll sing you a sweet little song

Verse 1

     C   C+   F   C
If you listen, I'll sing you a sweet little song

              D   G7
Of a flower that's now dropped and dead,

     C   C+   F   C
Yet dearer to me, yes, than all of its mates,

                    G7   C
Though each holds a-loft in its proud head.

     G7   C
'Twas given to me by a girl that I know,

           Am   D7   G7
Since we met, faith, I've known no re-pose,

     C   C+   F   C
She is dearer by far than the world's brightest star,

              G7   C
And I call her my Wild Irish Rose.

Chorus 1

```
        C   G6  C
My Wild Irish Rose,

        F              C
The sweetest flow'r that grows,

        G7         C
You may search ev'ry-where

        G7           C
But none can com-pare

        D7      G7
With my Wild Irish Rose.

        C   G6   C
My Wild Irish Rose,

        F                C
The dearest flow'r that grows

          G7       C
And some day for my sake,

        G7         C
She may let me take

        F            D7  G7  C
The bloom from my Wild Irish Rose.
```

Verse 2

```
              C          C+        F       C
They may sing of their roses which, by other names,

                      D          G7
Would smell just as sweetly they say,

        C          C+         F       C
But I know that my Rose would never con-sent

              G7    C
To have the sweet name taken a-way.

    G7                      C
Her glances are shy when e'er I pass by

      Am          D7        G7
The bower where my true love grows;

            C          C+        F       C
And my one wish has been that some-day I may win

            G7        C
The heart of my Wild Irish Rose.
```

Chorus 2   Repeat Chorus 1

Nobody Knows the Trouble I've Seen

African-American Spiritual

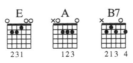

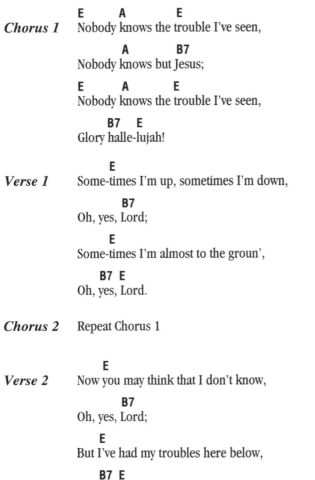

Chorus 1
     E   **A**   **E**
Nobody knows the trouble I've seen,

        A   **B7**
Nobody knows but Jesus;

     E   **A**   **E**
Nobody knows the trouble I've seen,

        B7   **E**
Glory halle-lujah!

Verse 1
         E
Some-times I'm up, sometimes I'm down,

         B7
Oh, yes, Lord;

         E
Some-times I'm almost to the groun',

     B7 E
Oh, yes, Lord.

Chorus 2   Repeat Chorus 1

Verse 2
         E
Now you may think that I don't know,

         B7
Oh, yes, Lord;

         E
But I've had my troubles here below,

     B7 E
Oh, yes, Lord.

Chorus 3   Repeat Chorus 1

                  E
Verse 3   One day when I was walkin' along,

                     B7
              Oh, yes, Lord;

                  E
              The sky opened up and love come down,

                  B7 E
              Oh, yes, Lord.

Chorus 4   Repeat Chorus 1

                  E
Verse 4   What made old Satan hate me so?

                     B7
              Oh, yes, Lord;

                  E
              He had me once and had to let me go,

                  B7 E
              Oh, yes, Lord.

Chorus 5   Repeat Chorus 1

                  E
Verse 5   I never shall forget that day,

                     B7
              Oh, yes, Lord;

                  E
              When Jesus washed my sins away,

                  B7 E
              Oh, yes, Lord.

Chorus 6   Repeat Chorus 1

On Top of Old Smoky

Kentucky Mountain Folksong

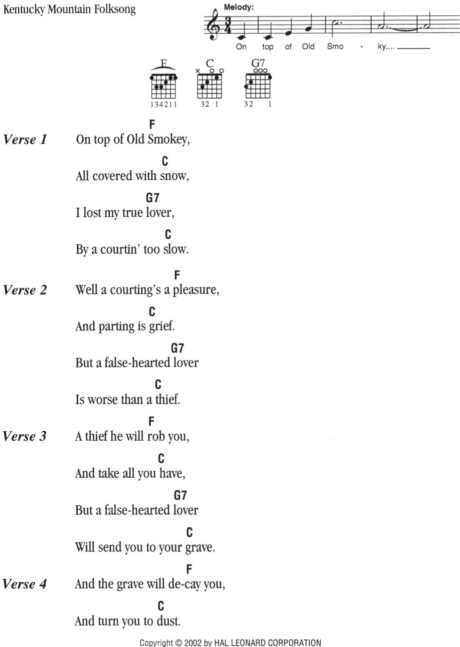

Melody:

On top of Old Smo - ky,...

F   C   G7

Verse 1
            F
On top of Old Smokey,

           C
All covered with snow,

        G7
I lost my true lover,

           C
By a courtin' too slow.

Verse 2
              F
Well a courting's a pleasure,

         C
And parting is grief.

            G7
But a false-hearted lover

          C
Is worse than a thief.

Verse 3
          F
A thief he will rob you,

         C
And take all you have,

           G7
But a false-hearted lover

           C
Will send you to your grave.

Verse 4
          F
And the grave will de-cay you,

         C
And turn you to dust.

<pre>
                    G7
          And where is the young man

                    C
          A poor girl can trust?

                            F
Verse 5   They'll hug you and kiss you

                    C
          And tell you more lies

                            G7
          Than the crossties on the railroad,

                            C
          Or the stars in the skies.

                            F
Verse 6   They'll tell you they love you,

                            C
          Just to give your heart ease.

                    G7
          But the minute your back's turned,

                            C
          They'll court whom they please.

                            F
Verse 7   So come all you young maidens

                    C
          And listen to me.

                    G7
          Never place your af-fection

                    C
          On a green willow tree.

                            F
Verse 8   For the leaves they will wither

                            C
          And the roots they will die,

                            G7
          And your true love will leave you,

                    C
          And you'll never know why.
</pre>

Pay Me My Money Down

Caribbean Work Song

Verse 1
      D
Pay me, oh, pay me,

         A7
Pay me my money down.

Pay me or go to jail,

         D
Pay me my money down.

Verse 2
      D
Thought I heard the captain say,

         A7
Pay me my money down.

'Morrow is our sailing day;

         D
Pay me my money down.

Verse 3
D
Next day we cleared the bar,

A7
Pay me my money down.

He knocked me down with the end of a spar.

D
Pay me my money down.

Verse 4
D
Wish I was Mister Howard's son.

A7
Pay me my money down.

Sit in the house and drink all the rum.

D
Pay me my money down.

Verse 5
D
Wish I was Mister Steven's son.

A7
Pay me my money down.

Sit in the shade and watch all the work done.

D
Pay me my money down.

The Red River Valley

Traditional American Cowboy Song

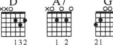

               D   A7   D

Verse 1   Come and sit by my side if you love me;

                               A7

            Do not hasten to bid me a-dieu.

              D   G

            But re-member the Red River Valley,

            A7   D

            And the cowboy that loves you so true.

               D   A7   D

Verse 2   Won't you think of this valley you're leaving;

                             A7

            Oh, how lonely, how sad it will be.

              D   G

            Oh, think of the fond heart you're breaking,

            A7   D

            And the grief you are causing me.

                        D   A7   D
Verse 3   From this valley they say you are going,

                                        A7
             When you go, may your darling go, too?

                        D   G
             Would you leave her behind unpro-tected

                  A7   D
             When she loves no other but you?

                        D   A7   D
Verse 4   I have promised you, darling, that never

                                            A7
             Will a word from my lips cause you pain.

                        D   G
             And my life, it will be yours for-ever,

                  A7   D
             If you only will love me a-gain.

Rock-A-My Soul

African-American Spiritual

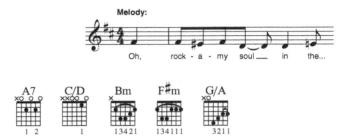

Melody:

Oh, rock - a - my soul __ in the...

D   A7   C/D   Bm   F#m   G/A

Chorus 1

D
Oh, rock-a-my soul in the bosom of Abraham.

A7
Rock-a-my soul in the bosom of Abraham.

D
Rock-a-my soul in the bosom of Abraham,

A7   **D**
Oh, rock-a-my soul.

Verse 1

    C/D **D**   **C/D**   **D**
When I went down to the valley to pray,

Bm   **F#m**
Oh, rock-a-my soul,

   G/A **A7**   **G/A**   **A7**
My soul got happy and I stayed all day,

G/A **A7**   **D**
Oh,__ rock-a-my soul.

Chorus 2   Repeat Chorus 1

GUITAR CHORD SONGBOOK

	C/D D C/D D
Verse 2	When I came home from the valley at night,

          Bm   F#m
          Oh, rock-a-my soul,

           G/A   A7   G/A   A7
          I knew that ev'rything would be al - right,

          G/A   A7   D
          Oh,__ rock-a-my soul.

Chorus 3   Repeat Chorus 1

           C/D   D   C/D   D
Verse 3 I felt so sad on the morning be-fore,

          Bm   F#m
          Oh, rock-a-my soul,

           G/A   A7   G/A   A7
          I found the peace that I was looking for.

          G/A   A7   D
          Oh,__ rock-a-my soul.

Chorus 4   Repeat Chorus 1

            C/D   D   C/D   D
Verse 4 The sun shines bright on the cloudiest day,

          Bm   F#m
          Oh, rock-a-my soul,

           G/A   A7   G/A   A7
          A prayer is all you need to light your way,

          G/A   A7   D
          Oh,__ rock-a-my soul.

Saint James Infirmary

Words and Music by Joe Primrose

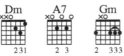

Verse 1

    Dm   **A7**   **Dm**
I went down to the St. James In-firm'ry

      Gm Dm
To see my baby there.

            A7   **Dm**
She was lyin' on a long white table,

         A7   **Dm**
So sweet, so cool, so fair.

Verse 2

    Dm **A7**   **Dm**
I went up to see the doctor,

     Gm   **Dm**
"She's very low," he said.

      A7   **Dm**
Went back to see my baby;

          A7   **Dm**
Great God! She was lyin' there dead.

Verse 3

    Dm   **A7 Dm**
I went down to old Joe's barroom

     Gm   **Dm**
On the corner by the square.

        A7   **Dm**
They were servin' the drinks as usual,

     A7   **Dm**
And the usual crowd was there.

Verse 4

    Dm   **A7**   **Dm**
On my left stood Joe Mc-Kennedy,

   Gm   **Dm**
His eyes bloodshot red.

<pre>
                    A7   Dm
He turned to the crowd a-round him,

                    A7   Dm
These are the words he said:

          Dm   A7   Dm
</pre>
Verse 5   Let her go, let her go, God bless her,
<pre>
                Gm   Dm
Wherever she may be.

                    A7   Dm
She may search this wide world over;

                    A7   Dm
She'll never find a man like me.

          Dm   A7   Dm
</pre>
Verse 6   Oh, when I die, please bury me
<pre>
                Gm   Dm
In my high-top Stetson hat.

                A7   Dm
Put a gold piece on my watch chain

                    A7   Dm
So they'll know I died standin' pat.

          Dm   A7   Dm
</pre>
Verse 7   Get six gamblers to carry my coffin,
<pre>
                Gm   Dm
Six chorus girls to sing my song.

                A7   Dm
Put a jazz band on my tailgate

                A7   Dm
To raise hell as we go a-long.

          Dm   A7   Dm
</pre>
Verse 8   Now that's the end of my story;
<pre>
                Gm   Dm
Let's have another round of booze,

                    A7   Dm
And if anyone should ask you, just tell them

                    A7   Dm
I've got the St. James In-firm'ry blues.
</pre>

FOLKSONGS

Scarborough Fair

Traditional English

Melody:

Where are you go-ing? To Scar-bo-rough Fair?

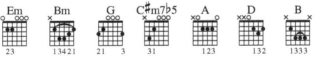

Em   Bm   G   C#m7b5   A   D   B

23   13421   21 3   31   123   132   1333

Verse 1

Em   Bm   G   Bm
Where are you going? To Scarborough Fair?

Em   C#m7b5 Em   Bm
Parsley, sage, rose-mary, and thyme,

Em Bm   A   Em   D
Re - member me to a bonny lass there,

G   D   B   Em
For once she was a true lover of mine.

Verse 2

Em   Bm   G   Bm
Tell her to make me a cambric shirt,

Em   C#m7b5 Em   Bm
Parsley, sage, rose-mary, and thyme,

Em Bm   A   Em   D
With-out any needle or thread work'd in it,

G   D   B   Em
And she shall be a true lover of mine.

Verse 3

Em   Bm   G   Bm
Tell her to wash it in yonder well,

Em   C#m7b5 Em   Bm
Parsley, sage, rose-mary, and thyme,

Em   Bm   A   Em   D
Where water ne'er sprung nor a drop of rain fell,

G   D   B   Em
And she shall be a true lover of mine.

Verse 4

| Em | Bm | G | Bm |
Tell her to plough me an acre of land,

| Em | C#m7b5 | Em | Bm |
Parsley, sage, rose-mary, and thyme,

| Em Bm | A | Em | D |
Be - tween the sea and the salt sea strand,

| G | D | B | Em |
And she shall be a true lover of mine.

Verse 5

| Em | Bm | G | Bm |
Tell her to plough it with one ram's horn,

| Em | C#m7b5 | Em | Bm |
Parsley, sage, rose-mary, and thyme,

| Em Bm | A | Em | D |
And sow it all over with one pepper-corn,

| G | D | B | Em |
And she shall be a true lover of mine.

Verse 6

| Em | Bm | G | Bm |
Tell her to reap it with a sickle of leather,

| Em | C#m7b5 | Em | Bm |
Parsley, sage, rose-mary, and thyme,

| Em Bm | A | Em | D |
And tie it all up with a tomtit's feather,

| G | D | B | Em |
And she shall be a true lover of mine.

Verse 7

| Em | Bm | G | Bm |
Tell her to gather it all in a sack,

| Em | C#m7b5 | Em | Bm |
Parsley, sage, rose-mary, and thyme,

| Em Bm | A | Em | D |
And carry it home on a butterfly's back,

| G | D | B | Em |
And she shall be a true lover of mine.

She'll Be Comin' 'Round the Mountain

Traditional

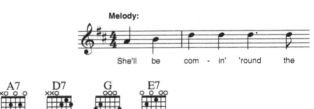

D   A7   D7   G   E7

Verse 1

        D
She'll be comin' 'round the mountain when she comes,

                              A7
She'll be comin' 'round the mountain when she comes,

        D   **D7**
She'll be comin' 'round the mountain,

        G
She'll be comin' 'round the mountain,

        D   **E7**   **A7**   **D**
She'll be comin' 'round the mountain when she comes.

Verse 2

        D
She'll be drivin' six white horses when she comes,

                           A7
She'll be drivin' six white horses when she comes,

        D   **D7**
She'll be drivin' six white horses,

        G
She'll be drivin' six white horses,

        D   **E7**   **A7**   **D**
She'll be drivin' six white horses when she comes.

Verse 3

    D
Oh, we'll all go out to meet her when she comes,

                                     A7
Oh, we'll all go out to meet her when she comes,

    D   **D7**
Oh, we'll all go out to meet her,

    G
Yes, we'll all go out to meet her,

    D   **E7**   **A7**   **D**
Yes, we'll all go out to meet her when she comes.

Verse 4

    D
She'll be wearin' a blue bonnet when she comes,

                                   A7
She'll be wearin' a blue bonnet when she comes,

    D   **D7**
She'll be wearin' a blue bonnet,

    G
She'll be wearin' a blue bonnet,

    D   **E7**   **A7**   **D**
She'll be wearin' a blue bonnet when she comes.

Shenandoah

American Folksong

Verse 1

```
     D          Bm          D      Bm
Oh, Shenandoah____ I long to hear you,____

    G    Em            D   F#m
A-way____ you rolling river.____

    Bm         F#m          G      D
Oh, Shenandoah____ I long to hear you.__

  Bm  G            D    G
A-way,__ I'm bound a-way,__

          D   Bm      A   D
'Cross the wide__ Mis-sou-ri.
```

                    D   Bm   D   Bm
Verse 2   Oh, Shenandoah____ I love your daughter,____

                 G   Em   D   F#m
              A-way____ you rolling river.____

                 Bm   F#m   G   D
              For her I'd cross____ your roaming water.__

              Bm G   D   G
              A-way,__ I'm bound a-way,__

                        D   Bm   A   D
              'Cross the wide__ Mis-sou-ri.

                    D   Bm   D   Bm
Verse 3   Oh, Shenandoah____ I'm bound to leave you,____

                 G   Em   D   F#m
              A-way____ you rolling river.____

                 Bm   F#m   G   D
              Oh, Shenandoah____ I'll not de-ceive you.__

              Bm G   D   G
              A-way,__ I'm bound a-way,__

                        D   Bm   A   D
              'Cross the wide__ Mis-sou-ri.

Sinner Man

Traditional

Em

D

Verse 1
> **Em**
> Oh, sinner man, where you gonna run to,
>
> **D**
> Oh, sinner man, where you gonna run to,
>
> **Em**
> Oh, sinner man, where you gonna run to,
>
> **D**　　**Em**
> All on that day?

Verse 2
> **Em**
> Run to the rock, the rock was a melting,
>
> **D**
> Run to the rock, the rock was a melting,
>
> **Em**
> Run to the rock, the rock was a melting,
>
> **D**　　**Em**
> All on that day.

GUITAR CHORD SONGBOOK

Verse 3

Em
Run to the sea, the sea was a boiling,

D
Run to the sea, the sea was a boiling,

Em
Run to the sea, the sea was a boiling,

    D   Em
All on that day.

Verse 4

Em
Run to the moon, the moon was a bleeding,

D
Run to the moon, the moon was a bleeding,

Em
Run to the moon, the moon was a bleeding,

    D   Em
All on that day.

Verse 5

Em
Run to the Lord, Lord, won't you hide me,

D
Run to the Lord, Lord, won't you hide me,

Em
Run to the Lord, Lord, won't you hide me,

    D   Em
All on that day?

Verse 6

Em
Oh, sinner man, you ought-ta been a praying,

D
Oh, sinner man, you ought-ta been a praying,

Em
Oh, sinner man, you ought-ta been a praying,

    D   Em
All on that day.

Sometimes I Feel Like a Motherless Child

African-American Spiritual

Em	C	C7	F#7b5	A7	B7
2 3	32 1	3241	1234	1 2	213 4

Verse 1

Em
Sometimes I feel like a motherless child.

C   **Em**
Sometimes I feel like a motherless child.

Sometimes I feel like a motherless child,

C7 Em F#7b5 A7
A long way from home,_____

C7 Em B7 Em
A long way from home.

(True believer.)

C7 Em F#7b5 A7
A long way from home,_____

C7 Em B7 Em
A long way from home.

Em

Verse 2   Sometimes I feel like I'm almost gone.

C   **Em**

Sometimes I feel like I'm almost gone.

Sometimes I feel like I'm almost gone,

    C7   **Em**   **F#7b5**   **A7**

Way up_ in the heav'nly land,

    C7   **Em**   **B7**   **Em**

Way up in the heav'n-ly__ land.

(True believer.)

    C7   **Em**   **F#7b5**   **A7**

Way up_ in the heav'nly land,

    C7   **Em**   **B7**   **Em**

Way up in the heav'n-ly_ land.

Streets of Laredo

American Cowboy Song

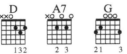

Verse 1

     D   **A7**   **D**   **A7**
As I was a walkin' the streets of La-redo,

     D   **G**   **D**   **A7**
As I walked out in La-redo one day,

     D   **A7**   **D**   **A7**
I spied a young cowboy all wrapped in white linen,

     D   **G**   **A7**   **D**
All wrapped in white linen, and cold as the clay.

Verse 2

     D   **A7**   **D**   **A7**
"I see by your outfit that you are a cowboy,"

       D   **G**   **D**   **A7**
These words he did say as I boldly walked by.

       D   **A7**   **D**   **A7**
"Come sit down be-side me and hear my sad story,

       D   **G**   **A7**   **D**
I'm shot in the breast and I know I must die."

Verse 3

     D   A7   D   A7
"It was once in the saddle I used to go dashing,

     D   G   D   A7
Once in the saddle I used to go gay.

     D   A7   D   A7
First down to Rosie's and then to the card house.

     D   G   A7   D
Got shot in the breast and I'm dying to-day."

Verse 4

     D   A7   D   A7
"Get sixteen gamblers to carry my coffin,

     D   G   D   A7
Let six jolly cowboys come sing me a song.

     D   A7   D   A7
Take me to the graveyard and lay the sod o'er me,

     D   G   A7   D
For I'm a young cowboy and I know I've done wrong."

Verse 5

     D   A7   D   A7
"Oh, bang the drum slowly and play the fife lowly,

D   G   D   A7
Play the dead march as you carry me a-long.

     D   A7   D   A7
Put bunches of roses all over my coffin,

D   G   A7   D
Roses to deaden the clods as they fall."

Sweet Betsy From Pike

American Folksong

Melody:

Oh, don't you re - mem - ber sweet...

D   A7   E7   A   Bm   F#m   G

Verse 1

    D   A7   D
Oh, don't you re-member sweet Betsy from Pike,

                  E7   A
Who crossed the big mountains with her lover Ike,

    Bm   F#m   G   D
With two yoke of cattle, a large yellow dog,

             A7   D
A tall Shanghai rooster, and one spotted hog?

Chorus 1

    D   A7
Saying goodbye, Pike County,

    D
Fare-well for a while.

             A7
We'll come back a-gain

          D
When we've panned out our pile.

Verse 2

    D   A7   D
One evening quite early they camped on the Platte,

             E7   A
'Twas near by the road on a green shady flat,

    Bm   F#m   G   D
Where Betsy, sore-footed, lay down to re-pose

         A7   D
With wonder, Ike gazed on that Pike County rose.

GUITAR CHORD SONGBOOK

Chorus 2   Repeat Chorus 1

                D   **A7**   **D**

Verse 3   Their wagon broke down with a terrible crash,

                        E7   **A**

And out on the prairie rolled all kinds of trash,

        Bm   **F#m**   **G**   **D**

A few little baby clothes done up with care,

                    A7   **D**

'Twas rather sus-picious, but all on the square.

Chorus 3   Repeat Chorus 1

                D   **A7**   **D**

Verse 4   The Shanghai ran off, and their cattle all died,

                        E7   **A**

That morning the last piece of bacon was fried,

        Bm   **F#m**   **G**   **D**

Poor Ike was dis-couraged and Betsy got mad,

                    A7   **D**

The dog dropped his tail and looked wondrously sad.

Chorus 4   Repeat Chorus 1

                D   **A7**   **D**

Verse 5   They soon reached the desert where Betsy gave out,

                        E7   **A**

And down in the sand she lay rolling about,

        Bm   **F#m**   **G**   **D**

While Ike, half dis-tracted, looked on with sur-prise,

                    A7   **D**

Saying "Betsy, get up, you'll get sand in your eyes."

Chorus 5   Repeat Chorus 1

Verse 6
       D   **A7**   **D**
Sweet Betsy got up in a great deal of pain,
            E7   **A7**
Declared she'd go back to Pike County again,
    Bm   **F#m**   **G**   **D**
But Ike gave a sigh, and they fondly em-braced
           A7   **D**
And they traveled a-long with his arm 'round her waist.

Chorus 6   Repeat Chorus 1

Verse 7
       D   **A7**   **D**
They suddenly stopped on a very high hill,
            E7   **A7**
With wonder looked down upon old Placerville;
    Bm   **F#m**   **G**   **D**
Ike sighed when he said, and he cast his eyes down,
           A7   **D**
"Sweet Betsy, my darling, we've got to Hangtown."

Chorus 7   Repeat Chorus 1

Verse 8
       D   **A7**   **D**
Long Ike and sweet Betsy at-tended a dance;
            E7   **A7**
Ike wore a pair of his Pike County pants;
    Bm   **F#m**   **G**   **D**
Sweet Betsy was dressed up in ribbons and rings;
           A7   **D**
Says Ike, "You're an angel, but where are your wings?"

Chorus 8   Repeat Chorus 1

Swing Low, Sweet Chariot

Traditional Spiritual

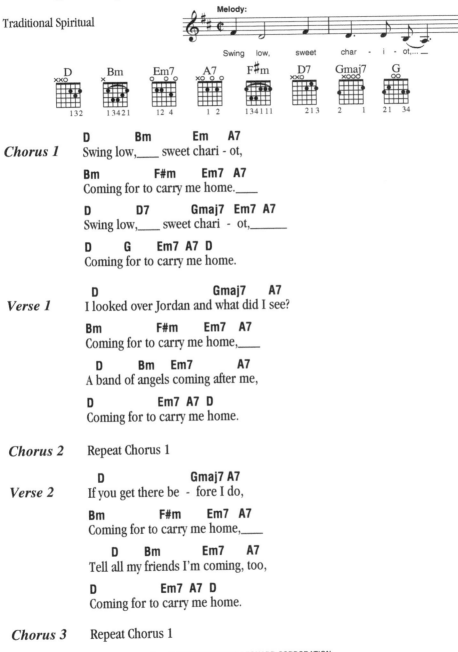

Chorus 1

    D   Bm   Em   A7
Swing low,___ sweet chari - ot,

Bm   F#m   Em7 A7
Coming for to carry me home.___

D   D7   Gmaj7 Em7 A7
Swing low,___ sweet chari - ot,_____

D   G   Em7 A7 D
Coming for to carry me home.

Verse 1

    D   Gmaj7   A7
I looked over Jordan and what did I see?

Bm   F#m   Em7 A7
Coming for to carry me home,___

    D   Bm   Em7   A7
A band of angels coming after me,

D   Em7 A7 D
Coming for to carry me home.

Chorus 2   Repeat Chorus 1

Verse 2

    D   Gmaj7 A7
If you get there be - fore I do,

Bm   F#m   Em7 A7
Coming for to carry me home,___

    D   Bm   Em7   A7
Tell all my friends I'm coming, too,

D   Em7 A7 D
Coming for to carry me home.

Chorus 3   Repeat Chorus 1

This Little Light of Mine

African-American Spiritual

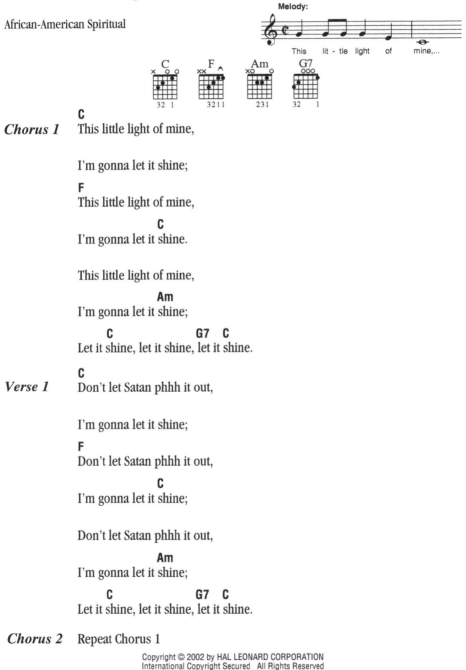

Melody:

This lit - tle light of mine,...

Chords: C · F · Am · G7

Chorus 1

C
This little light of mine,

I'm gonna let it shine;

F
This little light of mine,

      C
I'm gonna let it shine.

This little light of mine,

      Am
I'm gonna let it shine;

   C   **G7** **C**
Let it shine, let it shine, let it shine.

Verse 1

C
Don't let Satan phhh it out,

I'm gonna let it shine;

F
Don't let Satan phhh it out,

      C
I'm gonna let it shine;

Don't let Satan phhh it out,

      Am
I'm gonna let it shine;

   C   **G7** **C**
Let it shine, let it shine, let it shine.

Chorus 2   Repeat Chorus 1

Verse 2

C
Hide it under a bushel, NO!

I'm gonna let it shine;

F
Hide it under a bushel, NO!

          C
I'm gonna let it shine;

Hide it under a bushel, NO!

          Am
I'm gonna let it shine;

  C   G7 C
Let it shine, let it shine, let it shine.

Chorus 3   Repeat Chorus 1

C
Verse 3   Let it shine till Jesus comes,

I'm gonna let it shine;

F
Let it shine till Jesus comes,

          C
I'm gonna let it shine;

Let it shine till Jesus comes,

          Am
I'm gonna let it shine;

  C   G7 C
Let it shine, let it shine, let it shine.

This Train

Traditional

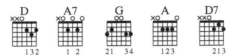

Verse 1

    D   A7   D
This train is bound for glory, this train,

            G   A
This train is bound for glory, this train,

    D   D7
This train is bound for glory,

    G   D
Don't carry nothin' but the righteous and the holy,

        A7   D
This train is bound for glory, this train.

Verse 2

    D   A7   D
This train don't carry no gamblers, this train,

            G   A
This train don't carry no gamblers, this train,

    D   D7
This train don't carry no gamblers,

    G   D
No crap shooters or midnight ramblers,

        A7   D
This train is bound for glory, this train.

GUITAR CHORD SONGBOOK

Verse 3

D   A7   D
This train is built for speed, now, this train,

             G   A
This train is built for speed, now, this train,

D   D7
This train is built for speed now,

G   D
Fastest train you ever did see,

          A7   D
This train is bound for glory, this train.

Verse 4

D   A7   D
This train don't carry no liars, this train,

             G   A
This train don't carry no liars, this train,

D   D7
This train don't carry no liars,

G   D
No hypocrites and no high flyers,

          A7   D
This train is bound for glory, this train.

Verse 5

D   A7   D
This train don't carry no rustlers, this train,

             G   A
This train don't carry no rustlers, this train,

D   D7
This train don't carry no rustlers,

G   D
Side-street walkers, two-bit hustlers,

          A7   D
This train is bound for glory, this train.

Tom Dooley

Traditional Folksong

Melody:

Hang down your head, Tom Doo - ley,...

A   E7
1 2 3   2 1

Chorus 1

    A
Hang down your head, Tom Dooley,

              E7
Hang down your head and cry.

You killed poor Laura Foster,

           A
Poor boy, you're going to die.

Verse 1

    A
I met her on the mountain,

          E7
And there I took her life.

I met her on the mountain,

             A
And I stabbed her with my knife.

Chorus 2   Repeat Chorus 1

Verse 2

    A
This time tomorrow,

        E7
Reckon where I'll be?

In some lonesome valley

          A
A hangin' on a white oak tree.

Chorus 3   Repeat Chorus 1

Uncle Joe

Traditional

Melody:

Did you ev-er go to meet-in', Un-cle Joe,...

C   G7   F   D7

Verse 1

C
Did you ever go to meetin',

Uncle Joe, Uncle Joe,

                            G7
Did you ever go to meetin', Uncle Joe?

          C
Did you ever go to meetin',

Uncle Joe, Uncle Joe?

     F   **G7**   **C**
Don't mind the weather when the wind don't blow.

Chorus 1

C
Hop up, my ladies, three in a row,

                     D7   **G7**
Hop up, my ladies, three in a row,

C
Hop up, my ladies, three in a row,

     F   **G7**   **C**
Don't mind the weather when the wind don't blow.

                                C
Verse 2   Will your horse carry double,

                 Uncle Joe, Uncle Joe?
                                               G7
                 Will your horse carry double, Uncle Joe?
                                C
                 Will your horse carry double,

                 Uncle Joe, Uncle Joe?
                          F   G7   C
                 Don't mind the weather when the wind don't blow.

Chorus 2   Repeat Chorus 1

                                C
Verse 3   Is your horse a single-footer,

                 Uncle Joe, Uncle Joe?
                                             G7
                 Is your horse a single-footer, Uncle Joe?
                                C
                 Is your horse a single-footer,

                 Uncle Joe, Uncle Joe?
                          F   G7   C
                 Don't mind the weather when the wind don't blow.

Chorus 3   Repeat Chorus 1

| | C |
| *Verse 4* | Would you rather ride a pacer, |

Uncle Joe, Uncle Joe?

                                                          G7
Would you rather ride a pacer, Uncle Joe?

            C
Would you rather ride a pacer,

Uncle Joe, Uncle Joe?

         F   **G7**   **C**
Don't mind the weather when the wind don't blow.

Chorus 4   Repeat Chorus 1

Tramp! Tramp! Tramp!

Words and Music by George F. Root

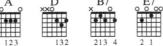

Verse 1

    A
In the prison cell I sit,

    D   **A**
Thinking, mother dear, of you,

                 B7   **E7**
And our bright and happy home so far a-way.

    A
And the tears, they fill my eyes

    D   **A**
'Spite of all that I can do,

    D   **E7**   **A**
Tho' I try to cheer my comrades and be gay.

    A
Chorus 1
Tramp, tramp, tramp, the boys are marching.

E7   **A**   **E7**
Cheer up, comrades, they will come.

    A
And be-neath the starry flag

    D   **A**
We shall breathe the air a-gain,

       E7   **A**
Of the free land in our own beloved home.

Verse 2
        A
In the battle front we stood,

          D   **A**
When their fiercest charge they made,

                  B7   **E7**
And they swept us off a hundred men or more.

        A
But be-fore we reached their lines,

          D   **A**
They were beaten back dis-mayed

          D   **E7**   **A**
And we heard the cry of vict'ry o'er and o'er.

Chorus 2   Repeat Chorus 1

        A
Verse 3   So with-in the prison cell,

          D   **A**
We are waiting for the day,

                  B7   **E7**
That shall come to open wide the iron door.

        A
And the hollow eye grows bright

          D   **A**
And the poor heart almost gay,

          D   **E7**   **A**
As we think of seeing home and friends once more.

Chorus 3   Repeat Chorus 1

The Wabash Cannon Ball

Hobo Song

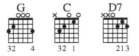

             G

Verse 1   From the great Atlantic Ocean

            C
To the wide Pacific's shore,

            D7
From the ones we leave behind us

        G   **C**   **G**
To the ones we see once more.

She's mighty tall and handsome,

        C
And quite well-known by all,

D7
How we love the choo choo of

             G
The Wabash Cannon-ball.

Chorus 1

         G
Hear the bell and whistle calling,

       C
Hear the wheels that go "clack clack,"

    D7
Hear the roaring of the engine,

 G   **C**   **G**
As she rolls a-long the track.

The magic of the railroad

   C
Wins hearts of one and all,

   D7
As we reach our destination on

         G
The Wabash Cannon-ball.

Verse 2

       G
Listen to the rhythmic jingle

    C
And the rumble and the roar,

  D7
As she glides along the woodlands

    G   **C**   **G**
Thro' the hills and by the shore.

You hear the mighty engine

   C
And pray that it won't stall,

D7
While we safely travel on

      G
The Wabash Cannon-ball.

Chorus 2   Repeat Chorus 1

                G
Verse 3   She was coming from Atlanta

             C
            On a cold December day.

            D7
            As she rolled into the station,

            G   **C**   **G**
            I could hear a woman say:

            "He's mighty big and handsome,

            C
            And sure did make me fall,

            D7
            He's a coming tow'rd me on

                   G
            The Wabash Cannon-ball."

Chorus 3   Repeat Chorus 1

Worried Man Blues

Traditional

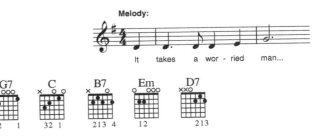

Verse 1

   G   **G7**
It takes a worried man to sing a worried song.

   C   **G**
It takes a worried man to sing a worried song.

                 B7   **Em**
It takes a worried man to sing a worried song.

         D7   **G**
I'm worried now but I won't be worried long.

Verse 2

   G   **G7**
I went across the river and I lay down to sleep.

   C   **G**
I went across the river and I lay down to sleep.

                 B7   **Em**
I went across the river and I lay down to sleep,

         D7   **G**
When I woke up, had shackles on my feet.

Water Is Wide

Traditional

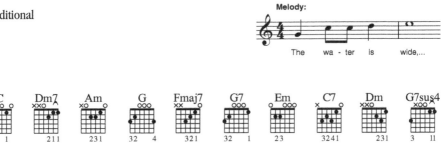

Melody:

The wa-ter is wide,...

C   Dm7   Am   G   Fmaj7   G7   Em   C7   Dm   G7sus4

Verse 1

        C   Dm7   C
The water is wide, I cannot get over,

          Am G Fmaj7 Dm7 G7
And neither have I__ wings to fly._____

        Em C7   Fmaj7 Dm
Give me a boat___ that can carry two,_____

        G7sus4 G7   C
And both shall row,_____ my love and I.

Verse 2

        C   Dm7   C
I put my hand into some soft bush,

          Am   G Fmaj7 Dm7   G7
Thinking the sweet-est flower to find.___

        Em C7   Fmaj7 Dm
The thorn, it stuck___ me to the bone,_____

      G7sus4 G7   C
And oh, I left_____ that flower a-lone.

Verse 3

       C Dm7   **C**
A ship there is and she sails the sea,

        Am G Fmaj7   Dm7 G7
She's loaded deep as deep can be._____

        Em   C7   **Fmaj7 Dm**
But not so deep____ as the love I'm in,_____

        G7sus4 G7   **C**
And I know not_____ how to sink or swim.

Verse 4

       C   Dm7   **C**
Oh, love is hand-some and love is fine,

        Am   G   Fmaj7 Dm7 G7
Gay as a jewel when first it's new._____

        Em C7   **Fmaj7 Dm**
But love grows old____ and waxes cold,_____

        G7sus4 G7   **C**
And fades a-way_____ like summer dew.

Verse 5

       C   Dm7   **C**
I leaned my back against a young oak,

        Am G   Fmaj7 Dm7 G7
Thinking he was a__ trusty tree._____

        Em   C7   **Fmaj7 Dm**
But first he bend - ed and then he broke,____

        G7sus4 G7   **C**
And thus did my_____ false love to me.

Wayfaring Stranger

Southern American Folk Hymn

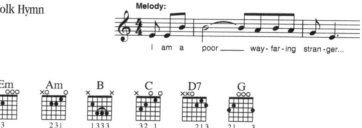

Em	Am	B	C	D7	G
2 3	2 3 1	1 3 3 3	3 2 1	2 1 3	2 1 3

Verse 1

    Em
I am a poor wayfaring stranger

     Am   **B**
While trav'ling through this world of woe,

Yet there's no sickness, toil, nor danger

     Am   **Em**
In that bright world to which I go.

    C **D7** **G**
I'm going there to see my Father,

    C **D7** **Em**
I'm going there no more to roam;

I'm only going over Jordan,

    Am **Em**
I'm only going over home.

Verse 2
   I know dark clouds will gather 'round me,

      Am   B
I know my way is rough and steep;

But golden fields lie out before me

      Am   Em
Where God's re-deemed shall ever sleep.

     C D7 G
I'm going there to see my mother,

      C   D7 Em
She said she'd meet me when I come;

I'm only going over Jordan,

     Am   Em
I'm only going over home.

      Em
Verse 3
   I'll soon be free from ev'ry trial,

     Am   B
My body sleep in the church-yard;

I'll drop the cross of self-denial

      Am   Em
And enter on my greatest re-ward.

     C D7 G
I'm going there to see my Savior,

     C   D7 Em
To sing His praise for-ever-more;

I'm only going over Jordan,

     Am   Em
I'm only going over home.

When the Saints Go Marching In

Words by Katherine E. Purvis
Music by James M. Black

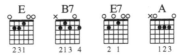

Verse 1

       E
Oh, when the saints go marching in,

                    B7
Oh, when the saints go marching in,

    E   **E7**   **A**
Oh Lord, I want to be in that number,

    E   **B7**   **E**
When the saints go marching in.

Verse 2

       E
Oh, when the sun refuse to shine,

                B7
Oh, when the sun refuse to shine,

    E   **E7**   **A**
Oh Lord, I want to be in that number,

    E   **B7**   **E**
When the sun re-fuse to shine.

Verse 3

E

Oh, when they crown Him Lord of all,

B7

Oh, when they crown Him Lord of all,

E   E7   A

Oh Lord, I want to be in that number,

E   B   E

When they crown Him Lord of all.

Verse 4

E

Oh, when they gather 'round the throne,

B7

Oh, when they gather 'round the throne,

E   E7   A

Oh Lord, I want to be in that number,

E   B7   E

When they gather 'round the throne.

Guitar Chord Songbooks

Each book includes complete lyrics, chord symbols, and guitar chord diagrams.

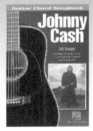 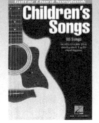  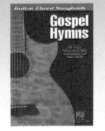 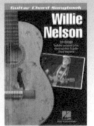

Acoustic Hits
More than 60 songs: Against the Wind • Name • One • Southern Cross • Take Me Home, Country Roads • Teardrops on My Guitar • Who'll Stop the Rain • Ziggy Stardust • and more.
00701787 ....$14.99

Acoustic Rock
80 acoustic favorites: Blackbird • Blowin' in the Wind • Layla • Maggie May • Me and Julio down by the Schoolyard • Pink Houses • and more.
00699540...............................$21.99

Alabama
50 of Alabama's best: Angels Among Us • The Closer You Get • If You're Gonna Play in Texas (You Gotta Have a Fiddle in the Band) • Mountain Music • When We Make Love • and more.
00699914...............................$14.95

The Beach Boys
59 favorites: California Girls • Don't Worry Baby • Fun, Fun, Fun • Good Vibrations • Help Me Rhonda • Wouldn't It Be Nice • dozens more!
00699566...............................$19.99

The Beatles
100 more Beatles hits: Lady Madonna • Let It Be • Ob-La-Di, Ob-La-Da • Paperback Writer • Revolution • Twist and Shout • When I'm Sixty-Four • and more.
00699562...............................$17.99

Bluegrass
Over 40 classics: Blue Moon of Kentucky • Foggy Mountain Top • High on a Mountain Top • Keep on the Sunny Side • Wabash Cannonball • The Wreck of the Old '97 • and more.
00702585...............................$14.99

Johnny Cash
58 Cash classics: A Boy Named Sue • Cry, Cry, Cry • Daddy Sang Bass • Folsom Prison Blues • I Walk the Line • Ring of Fire • Solitary Man • and more.
00699648...............................$17.99

Children's Songs
70 songs for kids: Alphabet Song • Bingo • The Candy Man • Eensy Weensy Spider • Puff the Magic Dragon • Twinkle, Twinkle Little Star • and more.
00699539...............................$16.99

Christmas Carols
80 Christmas carols: Angels We Have Heard on High • The Holly and the Ivy • I Saw Three Ships • Joy to the World • O Holy Night • and more.
00699536...............................$12.99

Christmas Songs
80 songs: All I Want for Christmas Is My Two Front Teeth • Baby, It's Cold Outside • Jingle Bell Rock • Mistletoe and Holly • Sleigh Ride • and more.
00119911...............................$14.99

Eric Clapton
75 of Slowhand's finest: I Shot the Sheriff • Knockin' on Heaven's Door • Layla • Strange Brew • Tears in Heaven • Wonderful Tonight • and more.
00699567 ....$19.99

Classic Rock
80 rock essentials: Beast of Burden • Cat Scratch Fever • Hot Blooded • Money • Rhiannon • Sweet Emotion • Walk on the Wild Side • and more.
00699598 ....$18.99

Coffeehouse Hits
57 singer-songwriter hits: Don't Know Why • Hallelujah • Meet Virginia • Steal My Kisses • Torn • Wonderwall • You Learn • and more.
00703318 ....$14.99

Country
80 country standards: Boot Scootin' Boogie • Crazy • Hey, Good Lookin' • Sixteen Tons • Through the Years • Your Cheatin' Heart • and more.
00699534 ....$17.99

Country Favorites
Over 60 songs: Achy Breaky Heart (Don't Tell My Heart) • Brand New Man • Gone Country • The Long Black Veil • Make the World Go Away • and more.
00700609 ....$14.99

Country Hits
40 classics: As Good As I Once Was • Before He Cheats • Cruise • Follow Your Arrow • God Gave Me You • The House That Built Me • Just a Kiss • Making Memories of Us • Need You Now • Your Man • and more.
00140859 ....$14.99

Country Standards
60 songs: By the Time I Get to Phoenix • El Paso • The Gambler • I Fall to Pieces • Jolene • King of the Road • Put Your Hand in the Hand • A Rainy Night in Georgia • and more.
00700608 ....$12.95

Cowboy Songs
Over 60 tunes: Back in the Saddle Again • Happy Trails • Home on the Range • Streets of Laredo • The Yellow Rose of Texas • and more.
00699636 ....$19.99

Creedence Clearwater Revival
34 CCR classics: Bad Moon Rising • Born on the Bayou • Down on the Corner • Fortunate Son • Up Around the Bend • and more.
00701786 ....$16.99

Jim Croce
37 tunes: Bad, Bad Leroy Brown • I Got a Name • I'll Have to Say I Love You in a Song • Operator (That's Not the Way It Feels) • Photographs and Memories • Time in a Bottle • You Don't Mess Around with Jim • and many more.
00148087 ....$14.99

Crosby, Stills & Nash
37 hits: Chicago • Dark Star • Deja Vu • Marrakesh Express • Our House • Southern Cross • Suite: Judy Blue Eyes • Teach Your Children • and more.
00701609................................$16.99

John Denver
50 favorites: Annie's Song • Leaving on a Jet Plane • Rocky Mountain High • Take Me Home, Country Roads • Thank God I'm a Country Boy • and more.
02501697 ....$17.99

Neil Diamond
50 songs: America • Cherry, Cherry • Cracklin' Rosie • Forever in Blue Jeans • I Am...I Said • Love on the Rocks • Song Sung Blue • Sweet Caroline • and dozens more!
00700606.................................$19.99

Disney
56 super Disney songs: Be Our Guest • Friend like Me • Hakuna Matata • It's a Small World • Under the Sea • A Whole New World • Zip-A-Dee-Doo-Dah • and more.
00701071 ....$17.99

The Doors
60 classics from the Doors: Break on Through to the Other Side • Hello, I Love You (Won't You Tell Me Your Name?) • Light My Fire • Love Her Madly • Riders on the Storm • Touch Me • and more.
00699888 ....$17.99

Eagles
40 familiar songs: Already Gone • Best of My Love • Desperado • Hotel California • Life in the Fast Lane • Peaceful Easy Feeling • Witchy Woman • more.
00122917 ....$16.99

Early Rock
80 classics: All I Have to Do Is Dream • Big Girls Don't Cry • Fever • Itsy Bitsy Teenie Weenie Yellow Polkadot Bikini • Let's Twist Again • Lollipop • and more.
00699916 ....$14.99

Folk Pop Rock
80 songs: American Pie • Dust in the Wind • Me and Bobby McGee • Somebody to Love • Time in a Bottle • and more.
00699651 ....$17.99

Folksongs
80 folk favorites: Aura Lee • Camptown Races • Danny Boy • Man of Constant Sorrow • Nobody Knows the Trouble I've Seen • and more.
00699541 ....$14.99

40 Easy Strumming Songs
Features 40 songs: Cat's in the Cradle • Daughter • Hey, Soul Sister • Homeward Bound • Take It Easy • Wild Horses • and more.
00115972 ....$16.99

Four Chord Songs
40 hit songs: Blowin' in the Wind • I Saw Her Standing There • Should I Stay or Should I Go • Stand by Me • Turn the Page • Wonderful Tonight • and more.
00701611 ....$14.99

Glee
50+ hits: Bad Romance • Beautiful • Dancing with Myself • Don't Stop Believin' • Imagine • Rehab • Teenage Dream • True Colors • and dozens more.
00702501 ....$14.99

Gospel Hymns
80 hymns: Amazing Grace • Give Me That Old Time Religion • I Love to Tell the Story • Shall We Gather at the River? • Wondrous Love • and more.
00700463 ....$14.99

Grand Ole Opry®
80 great songs: Abilene • Act Naturally • Country Boy • Crazy • Friends in Low Places • He Stopped Loving Her Today • Wings of a Dove • dozens more!
00699885 ....$16.95

Grateful Dead
30 favorites: Casey Jones • Friend of the Devil • High Time • Ramble on Rose • Ripple • Rosemary • Sugar Magnolia • Truckin' • Uncle John's Band • more.
00139461 ....$14.99

Green Day
34 faves: American Idiot • Basket Case • Boulevard of Broken Dreams • Good Riddance (Time of Your Life) • 21 Guns • Wake Me Up When September Ends • When I Come Around • and more.
00103074 ....$14.99

Irish Songs
45 Irish favorites: Danny Boy • Girl I Left Behind Me • Harrigan • I'll Tell Me Ma • The Irish Rover • My Wild Irish Rose • When Irish Eyes Are Smiling • and more!
00701044 ....$14.99

Michael Jackson
27 songs: Bad • Beat It • Billie Jean • Black or White (Rap Version) • Don't Stop 'Til You Get Enough • The Girl Is Mine • Man in the Mirror • Rock with You • Smooth Criminal • Thriller • more.
00137847 ....$14.99

Billy Joel
60 Billy Joel favorites: • It's Still Rock and Roll to Me • The Longest Time • Piano Man • She's Always a Woman • Uptown Girl • We Didn't Start the Fire • You May Be Right • and more.
00699632 ....$19.99

Elton John
60 songs: Bennie and the Jets • Candle in the Wind • Crocodile Rock • Goodbye Yellow Brick Road • Sad Songs Say So Much • Tiny Dancer • Your Song • more.
00699732 ....$15.99

Ray LaMontagne
20 songs: Empty • Gossip in the Grain • Hold You in My Arms • I Still Care for You • Jolene • Trouble • You Are the Best Thing • and more.
00130337.................................$12.99

Latin Songs
60 favorites: Bésame Mucho (Kiss Me Much) • The Girl from Ipanema (Garôta De Ipanema) • The Look of Love • So Nice (Summer Samba) • and more.
00700973 ....$14.99

Love Songs
65 romantic ditties: Baby, I'm-A Want You • Fields of Gold • Here, There and Everywhere • Let's Stay Together • Never My Love • The Way We Were • more!
00701043.................................$14.99

Bob Marley
36 songs: Buffalo Soldier • Get up Stand Up • I Shot the Sheriff • Is This Love • No Woman No Cry • One Love • Redemption Song • and more.
00701704.................................$17.99

Bruno Mars
15 hits: Count on Me • Grenade • If I Knew • Just the Way You Are • The Lazy Song • Locked Out of Heaven • Marry You • Treasure • When I Was Your Man • and more.
00125332 ....$12.99

Paul McCartney
60 from Sir Paul: Band on the Run • Jet • Let 'Em In • Maybe I'm Amazed • No More Lonely Nights • Say Say Say • Take It Away • With a Little Luck • and more!
00385035 ....$16.95

Steve Miller
33 hits: Dance Dance Dance • Jet Airliner • The Joker • Jungle Love • Rock'n Me • Serenade from the Stars • Swingtown • Take the Money and Run • and more.
00701146.................................$12.99

Modern Worship
80 modern worship favorites: All Because of Jesus • Amazed • Everlasting God • Happy Day • I Am Free • Jesus Messiah • and more.
00701801 ....$16.99

Motown
60 Motown masterpieces: ABC • Baby I Need Your Lovin' • I'll Be There • Stop! In the Name of Love • You Can't Hurry Love • and more.
00699734 ....$17.99

Willie Nelson
44 favorites: Always on My Mind • Beer for My Horses • Blue Skies • Georgia on My Mind • Help Me Make It Through the Night • On the Road Again • Whiskey River • and many more.
00148273 ....$17.99

Nirvana
40 songs: About a Girl • Come as You Are • Heart Shaped Box • The Man Who Sold the World • Smells like Teen Spirit • You Know You're Right • and more.
00699762 ....$16.99

Roy Orbison
38 songs: Blue Bayou • Oh, Pretty Woman • Only the Lonely (Know the Way I Feel) • Working for the Man • You Got It • and more.
00699752 ....$17.99

Peter, Paul & Mary
43 favorites: If I Had a Hammer (The Hammer Song) • Leaving on a Jet Plane • Puff the Magic Dragon • This Land Is Your Land • and more.
00103013..................................$19.99

Tom Petty
American Girl • Breakdown • Don't Do Me like That • Free Fallin' • Here Comes My Girl • Into the Great Wide Open • Mary Jane's Last Dance • Refugee • Runnin' Down a Dream • The Waiting • and more.
00699883 ....$15.99

Pink Floyd
30 songs: Another Brick in the Wall, Part 2 • Brain Damage • Breathe • Comfortably Numb • Hey You • Money • Mother • Run like Hell • Us and Them • Wish You Were Here • Young Lust • and many more.
00139116 ....$14.99

Pop/Rock
80 chart hits: Against All Odds • Come Sail Away • Every Breath You Take • Hurts So Good • Kokomo • More Than Words • Smooth • Summer of '69 • and more.
00699538 ....$16.99

Praise and Worship
80 favorites: Agnus Dei • He Is Exalted • I Could Sing of Your Love Forever • Lord, I Lift Your Name on High • More Precious Than Silver • Open the Eyes of My Heart • Shine, Jesus, Shine • and more.
00699634 ....$14.99

Elvis Presley
60 hits: All Shook Up • Blue Suede Shoes • Can't Help Falling in Love • Heartbreak Hotel • Hound Dog • Jailhouse Rock • Suspicious Minds • Viva Las Vegas • and more.
00699633 ....$17.99

Queen
40 hits: Bohemian Rhapsody • Crazy Little Thing Called Love • Fat Bottomed Girls • Killer Queen • Tie Your Mother Down • Under Pressure • You're My Best Friend • and more!
00702395 ....$14.99

Red Hot Chili Peppers
50 hits: Californication • Give It Away • Higher Ground • Love Rollercoaster • Scar Tissue • Suck My Kiss • Under the Bridge • and more.
00699710 ....$19.99

The Rolling Stones
35 hits: Angie • Beast of Burden • Fool to Cry • Happy • It's Only Rock 'N' Roll (But I Like It) • Miss You • Not Fade Away • Respectable • Rocks Off • Start Me Up • Time Is on My Side • Tumbling Dice • Waiting on a Friend • and more.
00137716 ....$17.99

Bob Seger
41 favorites: Against the Wind • Hollywood Nights • Katmandu • Like a Rock • Night Moves • Old Time Rock & Roll • You'll Accomp'ny Me • and more!
00701147 ....$12.99

Carly Simon
Nearly 40 classic hits, including: Anticipation • Haven't Got Time for the Pain • Jesse • Let the River Run • Nobody Does It Better • You're So Vain • and more.
00121011..................................$14.99

Sting
50 favorites from Sting and the Police: Don't Stand So Close to Me • Every Breath You Take • Fields of Gold • King of Pain • Message in a Bottle • Roxanne • and more.
00699921 ....$17.99

Taylor Swift
40 tunes: Back to December • Bad Blood • Blank Space • Fearless • Fifteen • I Knew You Were Trouble • Look What You Made Me Do • Love Story • Mean • Shake It Off • Speak Now • Wildest Dreams • and many more.
00263755..................................$16.99

Three Chord Acoustic Songs
30 acoustic songs: All Apologies • Blowin' in the Wind • Hold My Hand • Just the Way You Are • Ring of Fire • Shelter from the Storm • This Land Is Your Land • and more.
00123860 ....$14.99

Three Chord Songs
65 includes: All Right Now • La Bamba • Lay Down Sally • Mony, Mony • Rock Around the Clock • Rock This Town • Werewolves of London • You Are My Sunshine • and more.
00699720 ....$17.99

Two-Chord Songs
Nearly 60 songs: ABC • Brick House • Eleanor Rigby • Fever • Paperback Writer • Ramblin' Man Tulsa Time • When Love Comes to Town • and more.
00119236..................................$16.99

U2
40 U2 songs: Beautiful Day • Mysterious Ways • New Year's Day • One • Sunday Bloody Sunday • Walk On • Where the Streets Have No Name • With or Without You • and more.
00137744..................................$14.99

Hank Williams
68 classics: Cold, Cold Heart • Hey, Good Lookin' • Honky Tonk Blues • I'm a Long Gone Daddy • Jambalaya (On the Bayou) • Your Cheatin' Heart • and more.
00700607 ....$16.99

Stevie Wonder
40 of Stevie's best: For Once in My Life • Higher Ground • Isn't She Lovely • My Cherie Amour • Sir Duke • Superstition • Uptight (Everything's Alright) • Yester-Me, Yester-You, Yesterday • and more!
00120862 ....$14.99

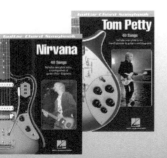

HAL•LEONARD®

Prices, contents and availability subject to change without notice.